Olaf Satzer

Kräsch! Bum! Bäng!

Intensiv!

Intensivkurs
für kleine
und große
Drummer

Mit Tipps &
Tricks von
Claus Heßler

AF238452

Olaf Satzer, Jahrgang 1970, ist aktiver Live- und Studio-schlagzeuger für diverse internationale und nationale Künstler sowie für zahlreiche Musicalproduktionen.

Als Schlagzeuglehrer an einer privaten Musikschule in Bremerhaven kann er auf langjährige Erfahrungen in der Arbeit mit Kindern zurückblicken.

post@olaf-satzer.de

Zum Lieferumfang dieses Buches gehört eine mp3-CD

Alfred Music Publishing
LEARN • TEACH • PLAY

Vielen Dank an Claus Heßler für die Übungen im Abschnitt „Open-Handed Playing" und für die Audiofiles mit Tipps und Hinweisen zu jedem Abschnitt.

Lektorat, Layout &
Gesamtleitung: Thomas Petzold
Lektorat & Layout: Helge Kuhnert
Covergestaltung: Thomas Petzold
Notensatz: Olaf Satzer

© 2013 by **Alfred** Music Publishing GmbH
info@alfredverlag.de
alfredverlag.de

Alle Rechte vorbehalten!
Printed in Germany

Art.-Nr.: 20166G (Buch/mp3-CD)
ISBN-13: 978-3-933136-97-8

Tonaufnahmen:
„Learning to Listen" - Carsten Heusmann
„Adrenalin" & „Formel 3" - Matthias Strass, sowie Stefan Endrigkeit, Edgartown Studio, Hamburg

Musiker:
„Learning to Listen":
Matthias Strass (Gitarre), Matthias Petereit (Bass), Carsten Heusmann (Keyboard), Olaf Satzer (Schlagzeug)
„Adrenalin" & „Formel 3":
Matthias Strass (Gitarre & Bass), Olaf Satzer (Schlagzeug)

Fotos:
Fotografie Antje Schimanke, Bremerhaven

Illustration S. 66: Felix Küssel

Inhaltsverzeichnis

Liebe Schlagzeuglehrer! Liebe Eltern!

Die kleinen Schlagzeuger, die sich mit den ersten beiden Kräsch! Bum! Bäng!-Bänden beschäftigt haben, sind im Laufe der Zeit älter geworden und ihre Fähigkeiten am Schlagzeug haben sich hoffentlich gut entwickelt.

Nachdem sie den zweiten Band abgeschlossen haben, fragen mich viele meiner Schüler, mit welchem Buch es denn nun weiter gehen wird. Ich habe mir darüber ebenfalls häufig Gedanken gemacht. Schon seit einiger Zeit hatte ich die Idee, ein Buch zur Verfügung zu stellen, das gewissermaßen eine Verbindung herstellt zwischen der kindlich-spielerischen Kräsch! Bum! Bäng!-Welt und der Welt, in der das Lehrmaterial sachlicher und anspruchsvoller wird. Mein Ziel war es, den Schülern diesen Übergang zu erleichtern.

Selbstverständlich können sich aber auch Schüler mit diesem Buch beschäftigen, die bisher keine Erfahrungen mit Kräsch! Bum! Bäng! gemacht haben.

Die Übungen in diesem Buch sind, wie es der Titel bereits sagt, darauf ausgelegt, intensiv bearbeitet zu werden.

Nicht zuletzt, weil sie auch anspruchsvoller werden, sollten die Schüler sich ausgiebig damit beschäftigen. Das leider allseits bekannte „Seitenfressen" sollte unbedingt vermieden werden.

Daher möchte ich auch Sie bitten, ihren Schülern oder Kindern immer wieder die vier wichtigsten Grundsätze dieses Buches nahezulegen:

1. *Übe höchstens zwei Übungen pro Tag und höchstens eine Seite pro Woche;*

2. *Übe mit Metronom und beginne immer schön langsam;*

3. *Wiederholen, wiederholen, wiederholen ...*

4. *Übe regelmäßig.*

Des Weiteren bin ich sehr froh, für die Mitwirkung an diesem Buch Claus Heßler gewonnen zu haben. Einen national wie international bekannten und renommierten Schlagzeuger, Dozenten und Autoren.

Claus hat seinerseits einige Übungen zum Thema „Open-Handed Playing" zu diesem Buch beigesteuert. „Open-Handed Playing" nennt man die offene Spielhaltung, bei der die Arme beim Spielen von HiHat und Snare Drum nicht überkreuzt werden. Außerdem sind auf der beigelegten **mp3-CD** zu jedem Abschnitt dieses Buches wertvolle Tipps von Claus enthalten, die die Schüler unterstützen sollen.

Wenn Sie mit ihren Schülern also ein neues Kapitel beginnen möchten, empfehle ich Ihnen, sich zuvor gemeinsam mit den kleinen Schlagzeugern jeweils die entsprechenden Tracks auf der CD anzuhören. Auf diese Weise können den Schülern weitere wichtige Hinweise mit auf den Weg gegeben werden.

Ich wünsche Ihnen und Ihren Schülern und Kindern viel Spaß und viel Erfolg beim Arbeiten mit Kräsch! Bum! Bäng! Intensiv.

Lieber Schlagzeuger!

Wenn du dich schon eine Weile mit den ersten beiden **Kräsch! Bum! Bäng!**-Bänden beschäftigt hast, bist du mit der Zeit bestimmt immer besser geworden. Fast schon wie ein richtiger Schlagzeuger.

Vielleicht hast du dich auch schon einmal gefragt, mit welchem Buch es denn weiter geht, wenn du mit dem zweiten Band von **Kräsch! Bum! Bäng!** fertig bist. Auch mich hat man das häufiger gefragt.

Darum habe ich mir **Kräsch! Bum! Bäng! Intensiv** überlegt, das du natürlich auch verwenden kannst, wenn du **Kräsch! Bum! Bäng!** noch nicht kennst. In diesem Buch sind nun Übungen enthalten, die schon etwas schwieriger sind, damit du bald Sachen spielen kannst, die die großen Schlagzeuger auch können.

Damit du diese Übungen recht bald beherrschst, solltest du dich immer ausgiebig mit ihnen beschäftigen. Das Buch heißt **Kräsch! Bum! Bäng! Intensiv** und das Wort „intensiv" bedeutet, dass du dich gründlich und aufmerksam mit jeder einzelnen Übung befassen sollst.

Du solltest also nicht versuchen, dieses Buch möglichst schnell durchzuarbeiten, sondern dir stattdessen ausreichend Zeit dafür lassen. Beachte dazu bitte auch die vier wichtigsten Regeln dieses Buches:

1. *Übe höchstens zwei Übungen pro Tag und höchstens eine Seite pro Woche;*
2. *Übe mit Metronom und beginne immer schön langsam;*
3. *Wiederholen, wiederholen, wiederholen ...*
4. *Übe regelmäßig.*

Ich freue mich sehr, dass an diesem Buch noch ein anderer Schlagzeuger mitgearbeitet hat. Er heißt Claus Heßler und ist ein bekannter Schlagzeuger und Lehrer, der selber auch schon einige Bücher geschrieben hat.

Claus hat auch einige Übungen zu **Kräsch! Bum! Bäng! Intensiv** beigetragen.
Die findest du später in dem Kapitel „Open-Handed Playing". „Open-Handed Playing" nennt man die offene Spielhaltung, bei der die Arme beim Spielen von HiHat und Snare Drum nicht überkreuzt werden. Außerdem hat Claus zu jedem Kapitel eine Menge interessanter Tipps für dich, die du dir auf der beigelegten **mp3-CD** anhören kannst. Wenn du also mit einem neuen Abschnitt beginnen möchtest, höre dir unbedingt vorher an, was dir Claus dazu zu sagen hat.

Und wenn du dann später dieses Buch durchgearbeitet hast, bist du wirklich schon einer von den großen Trommlern.

Ich wünsche dir viel Spaß und viel Erfolg beim Arbeiten mit **Kräsch! Bum! Bäng! Intensiv**.

Die Schlagzeugnotation

Hier bekommst du einen Überblick über die Schlagzeugnotation, wie sie in diesem Buch verwendet wird.

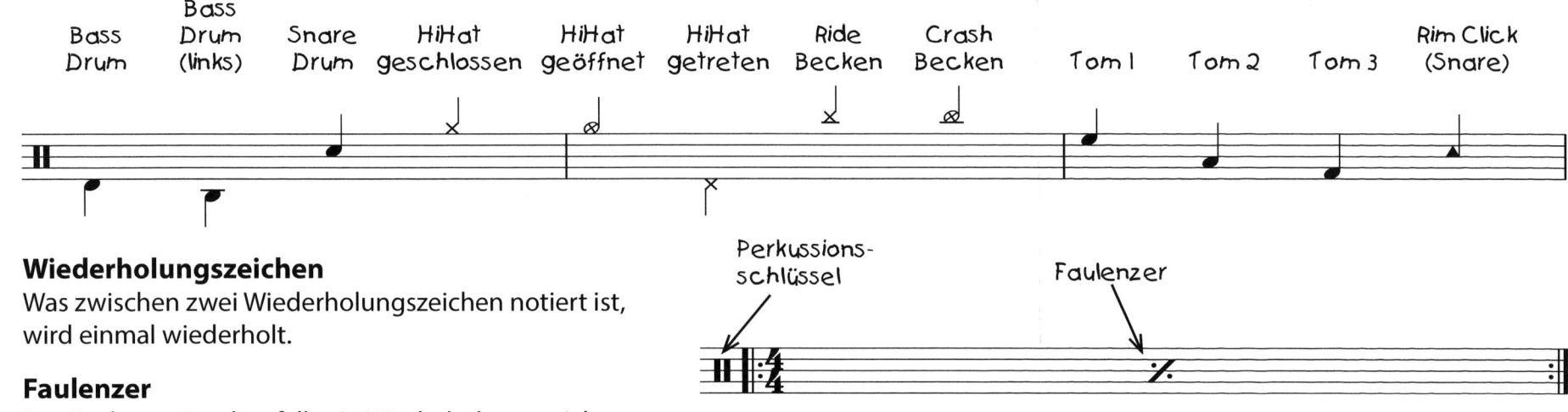

Bass Drum | Bass Drum (links) | Snare Drum | HiHat geschlossen | HiHat geöffnet | HiHat getreten | Ride Becken | Crash Becken | Tom 1 | Tom 2 | Tom 3 | Rim Click (Snare)

Wiederholungszeichen

Was zwischen zwei Wiederholungszeichen notiert ist, wird einmal wiederholt.

Faulenzer

Der Faulenzer ist ebenfalls ein Wiederholungszeichen. Er besagt, dass der vorangegangene Takt einmal wiederholt wird.

Das kleine HiHat-Kreuz zu Beginn des zweiten Taktes besagt, dass dort trotz des Faulenzers (der vorangegangene Takt wird wiederholt) kein Crash Becken gespielt werden soll. Stattdessen wird die HiHat gespielt. Diese Notationsweise taucht nur in den Play-alongs am Ende des Buches auf.

Der zweitaktige Faulenzer, der genau auf dem Taktstrich zwischen dem dritten und vierten Takt steht, besagt, dass die *beiden* vorangegangenen Takte einmal wiederholt werden.

Das Metronom

Das Metronom wird dein ständiger Begleiter sein, während du mit diesem Buch arbeitest. Solltest du noch kein Metronom besitzen, solltest du dir unbedingt eines zulegen. Es gibt für ungefähr 20–30 Euro schon sehr gute Metronome, die völlig ausreichend sind. Dein Schlagzeuglehrer wird dir dabei behilflich sein, das richtige Metronom für dich zu finden.

Du kannst das Metronom auf eine bestimmte Geschwindigkeit einstellen. Zum Beispiel 90 Schläge pro Minute. In Englisch nennt man das auch „bpm", das steht für „beats per minute" (Schläge pro Minute).

Vor Übungen und vor Liedern, die du spielen möchtest, steht häufig eine Tempoangabe. Diese besteht aus einem Notenwert, einem Gleichheitszeichen und einer Zahl. In diesem Beispiel 90 bpm:

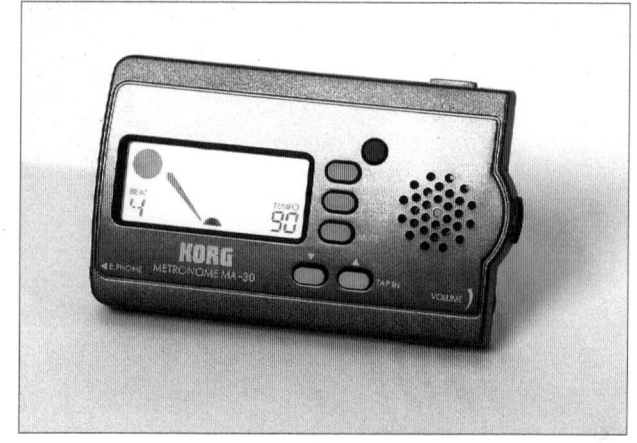

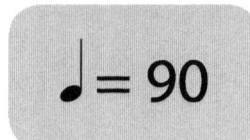

Wenn du dein Metronom auf dieses Tempo einstellst, klickt es mit 90 Viertelschlägen pro Minute, also immer auf die Zählzeiten 1, 2, 3, 4.

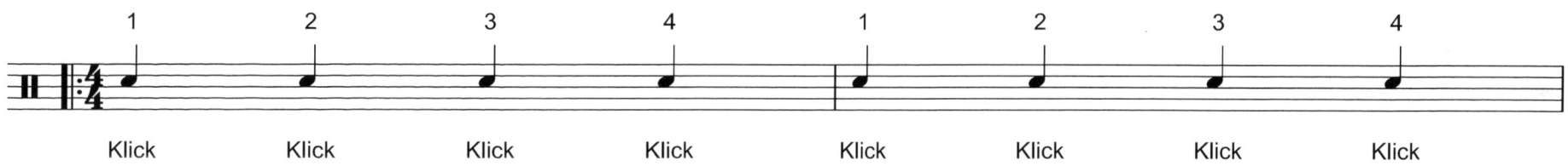

Es gibt bei den meisten Metronomen auch noch viele weitere Einstellungsmöglichkeiten. So kannst du dir zum Beispiel auch einen Achtelnoten-Klick einstellen. Das heißt, dass du auch Klicks auf den „und"-Zählzeiten hören kannst. Die Klicks auf „und" sind bei den meisten Metronomen etwas leiser oder haben einen anderen Klang als die Klicks auf 1, 2, 3, 4.

Das Metronom hilft dir, beim Üben herauszufinden, ob du gleichmäßig spielst. Wenn deine Schläge nicht mehr gleichzeitig zum Klick erfolgen, zeigt dir das, dass du etwas schneller oder langsamer geworden bist. Für einen guten Schlagzeuger ist es allerdings sehr wichtig, ohne Temposchwankungen und auf den Punkt zu spielen. Daher solltest du beim Üben immer dein Metronom verwenden. Auf diese Weise hast du beim Üben die Möglichkeit zu kontrollieren, ob du schön gleichmäßig und ohne Temposchwankungen spielst. Am Anfang ist das Spielen zum Metronom vielleicht nicht so einfach, aber du wirst dich mit etwas Übung schnell daran gewöhnen.

Zum Üben mit diesem Buch

Bevor du beginnst, mit diesem Buch zu arbeiten, würde ich dir gern noch einige Ratschläge mit auf den Weg geben. Es wäre schön, wenn du sie beim Üben befolgen würdest, damit du am Ende erfolgreich bist.

1. Lass dir Zeit!

Manche Schlagzeugschüler denken, dass es ein gutes Zeichen ist, wenn man ein Buch in möglichst kurzer Zeit durchgearbeitet hat. Meistens stimmt das nicht. Denn wenn man ein Buch nur überfliegt und jede Übung nur drei- oder viermal gespielt hat, klappt sie vielleicht einigermaßen. Aber so richtig gut beherrscht man eine Übung nur dann, wenn man sich intensiv, also ausgiebig, mit ihr beschäftigt hat. Nimm dir also die Zeit, deine Übungen häufig zu wiederholen. Während du mit diesem Buch arbeitest, solltest du nicht denken: *„Hoffentlich habe ich es bald durch ...!"*, sondern: *„Ich lege dieses Buch erst zur Seite, wenn ich jede einzelne Übung richtig gut spielen kann!".* Wenn du so denkst, wirst du am Ende Erfolg haben. Halte dich dazu am besten an folgende einfache Regel: **Übe höchstens zwei Übungen am Tag und höchstens eine Seite pro Woche!**

2. Übe mit Metronom und beginne immer langsam!

Auch wenn dir eine Übung einfach erscheint, oder du sie vielleicht sogar schon ganz gut spielen kannst, beginne sie dennoch zuerst immer langsam. Zum Beispiel im Tempo 50 oder 60 bpm. Wenn es gut läuft, kannst du das Tempo nach und nach erhöhen. Denke immer daran: Zu Beginn ist Geschwindigkeit überhaupt nicht wichtig! Das Wichtigste ist, dass du deine Übungen schön gleichmäßig und präzise, also genau, spielst.

3. Wiederholen, wiederholen, wiederholen...!

Die Übungen in diesem Buch sind alle mit Wiederholungszeichen notiert. Das bedeutet, dass du jede Übung einmal wiederholen sollst. Wenn du sie dann zweimal gespielt hast, bist du aber noch lange nicht fertig. Stattdessen solltest du sie 15 oder 20 Mal wiederholen, bevor du zur nächsten Übung gehst. Nutze dazu auch die **Checklisten**, die du in jedem Kapitel findest. Mit diesen Listen kannst du kontrollieren, ob du dich ausgiebig mit einer Übung beschäftigt hast.

Hier ein Beispiel, wie du vorgehen könntest:

Du spielst Übung 1 eine Minute lang in Tempo 50, anschließend Übung 2 eine Minute in Tempo 50. Dann gehst du wieder zurück zu 1 und spielst sie drei Minuten in Tempo 50. Das Gleiche mit Übung 2 und so weiter ...

Das mag dir vielleicht zu Beginn etwas langatmig vorkommen, aber du wirst merken, dass die Übungen auf diese Weise mit jeder Wiederholung etwas besser klappen. Und falls es dir mal zuviel wird, machst du einfach eine kleine Pause.

Tempo	50 bpm		60 bpm	
Dauer	1 Min.	3 Min.	1 Min.	3 Min.
Übung 1				
Übung 2				
Übung 3				
Übung 4				

Checkliste

4. Übe regelmäßig!

Auch wenn du gerade nicht soviel Zeit oder Lust zum Üben hast, ist das nicht schlimm. 15 Minuten am Tag reichen manchmal schon aus. Man muss nicht immer zwei Stunden am Schlagzeug sitzen. Und: Es ist besser jeden Tag 15 Minuten zu üben, als einmal in der Woche zwei Stunden! Versuche also, dir deine persönliche Übe-Zeit einzurichten. Zum Beispiel am Nachmittag nach den Hausaufgaben, oder abends vor dem Abendessen.

Zu Beginn sind also die drei wichtigsten Hinweise, die du dir merken solltest:

„LANGSAM", „WIEDERHOLEN" & „REGELMÄßIG"

Weitere Übe-Tipps

Mit ein wenig Kreativität kannst du aus einer Übung mehrere Übungen machen, indem du sie leicht veränderst. Hier gebe ich dir einige Beispiele dafür, wie du das machen könntest. Wenn du anschließend das Buch durcharbeitest, versuche auch selber immer wieder, die Übungen nicht nur so zu spielen, wie sie aufgeschrieben sind, sondern sie durch eigene Ideen zu verändern.

Als Beispiel dient diese Übung: Ein einfacher **Achtel-Groove** mit HiHat, Bass Drum und Snare Drum, mit einem kurzen Fill-In aus Sechzehntelnoten am Ende.

Achtel-Groove:

Variation 1: Spiele das Ride Becken statt der HiHat.

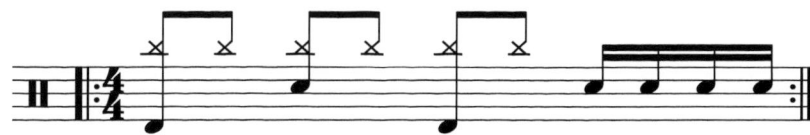

Variation 2: Spiele die HiHat mit links anstatt mit rechts (siehe: Kapitel „Open-Handed Playing").

Variation 3: Spiele die HiHat getreten, anstatt mit der Hand (siehe: Kapitel „Unabhängigkeit").

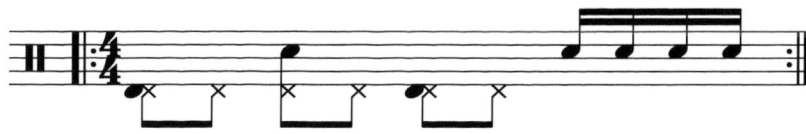

Variation 4: Spiele den Fill-In auf der Bass Drum, anstatt auf der Snare Drum (siehe: Kapitel „Doppelbass").

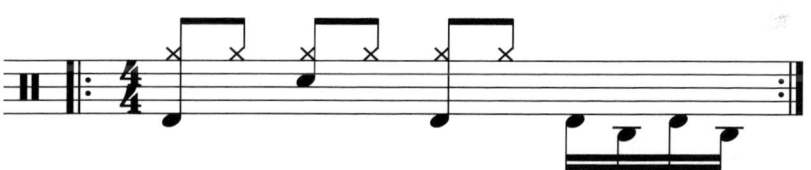

Variation 5: Spiele den Fill-In auch auf den Toms oder der HiHat.

Variation 6: Auch in Grooves lassen sich Toms einbauen. Hier anstelle der Snare Drum.

Solche Variationen lassen sich auf fast alle Übungen anwenden. Probiere es einfach immer wieder aus!

Üben mit Metronom

Die folgenden Übungen kannst du dazu nutzen dich daran zu gewöhnen, mit Metronom zu üben. Stell dir deinen Klick auf ein niedriges Tempo ein, zum Beispiel 50 bpm. Wechsle erst dann zum höheren Tempo (z.B. 60 bpm), wenn du die Übung schön gleichmäßig und genau zum Klick gespielt hast.

TIPP: *Alle Übungen kannst du dir auch auf der mp3-CD anhören, die diesem Buch beigelegt ist.*

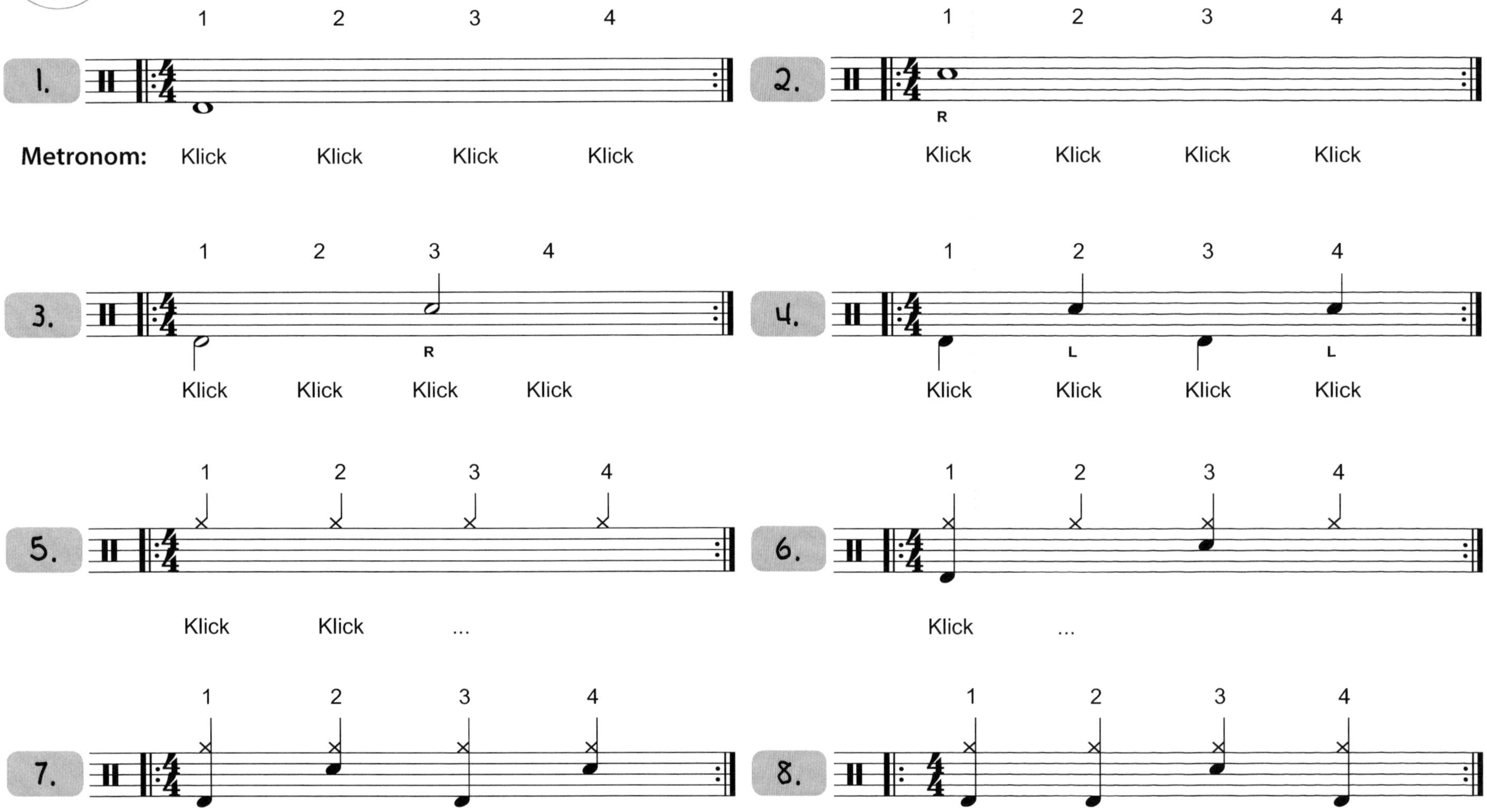

1.

Metronom: Klick   Klick   Klick   Klick

2.

Klick   Klick   Klick   Klick

3.

Klick   Klick   Klick   Klick

4.

Klick   Klick   Klick   Klick

5.

Klick   Klick   ...

6.

Klick   ...

7.

8.

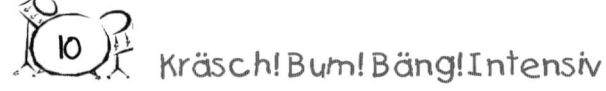

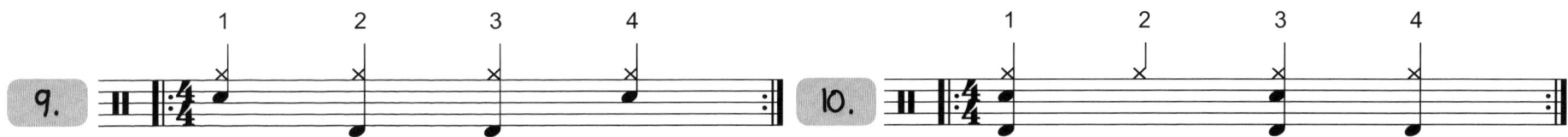

Wenn du mit einer Übung fertig bist, kannst du das hier in die Checkliste eintragen. In der Liste ist nicht jedes Tempo enthalten.
Du kannst deine Übungen natürlich auch in einem anderen Tempo spielen. Zum Beispiel 70 bpm, falls es in Tempo 80 noch nicht klappt.
Du solltest dich aber auf jeden Fall bemühen, die Tempi, die in der Liste enthalten sind, zu erreichen.

Tempo	50 bpm		60 bpm		80 bpm		100 bpm	
Dauer	1 Min.	3 Min.	1 Min.	3 Min.	1 Min.	3 Min.	1 Min.	3 Min.
Übung 1								
Übung 2								
Übung 3								
Übung 4								
Übung 5								
Übung 6								
Übung 7								
Übung 8								
Übung 9								
Übung 10								

In diesen Metronomübungen kommen nun auch Achtelnoten vor. Du solltest dazu ausprobieren, ob du auch mit einem Achtelklick des Metronoms zurecht kommst. Dabei klickt das Metronom nicht nur auf den Viertel-, sondern auch auf den Achtelzählzeiten, also auf „und". Besonders bei langsamen Tempi kann ein Achtelklick hilfreich sein. Bei den meisten Metronomen lässt er sich ganz leicht einstellen. Dein Schlagzeuglehrer wird dir sicher dabei helfen. Der Klick auf den „und"-Zählzeiten ist meist etwas leiser oder hat einen anderen Klang.

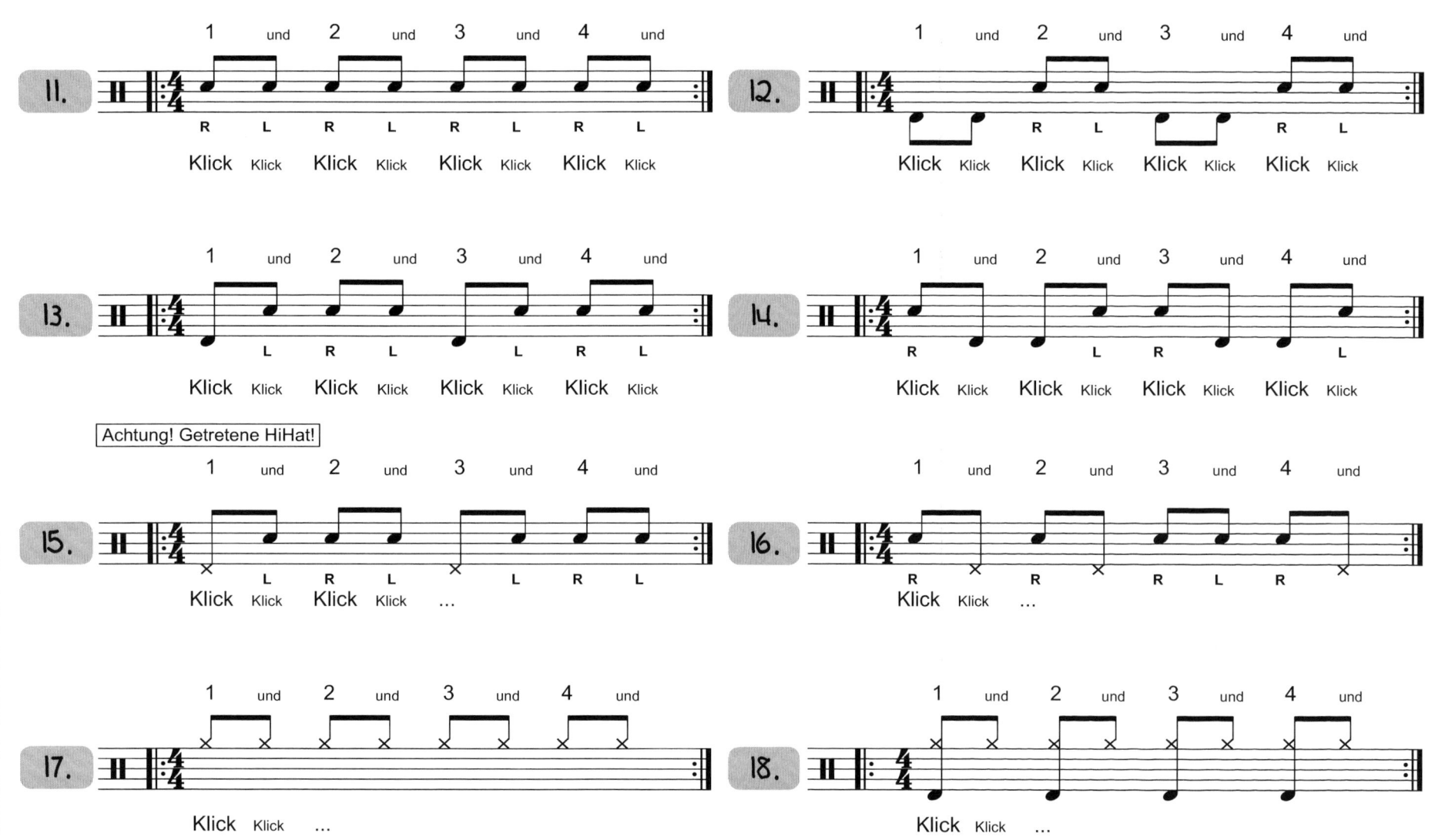

Kräsch! Bum! Bäng! Intensiv

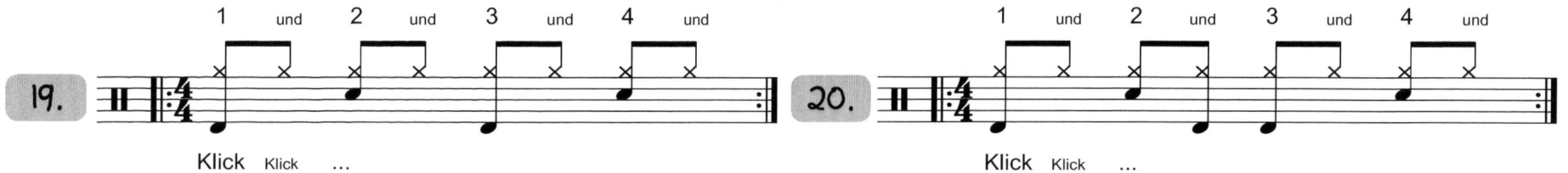

Trage hier wieder in die Liste ein, wenn du eine Übung abgeschlossen hast:

Tempo	50 bpm		60 bpm		80 bpm		100 bpm	
Dauer	1 Min.	3 Min.	1 Min.	3 Min.	1 Min.	3 Min.	1 Min.	3 Min.
Übung 11								
Übung 12								
Übung 13								
Übung 14								
Übung 15								
Übung 16								
Übung 17								
Übung 18								
Übung 19								
Übung 20								

Hier spielst du nun schon verschiedene Notenwerte innerhalb einer Übung. Die Notenwerte, die hier verwendet werden, sind Achtel-, Viertel- und Halbe Noten. Spiele die Übungen wieder zum Klick deines Metronoms. Beginne dabei wieder schön langsam und erhöhe das Tempo nach und nach. Nachdem du alle Snare-Übungen gespielt hast, kombiniere die Übungen auch mit dem Lesetext auf der nächsten Seite. Wie das funktioniert, ist dort beschrieben.

Kräsch! Bum! Bäng! Intensiv

Leseübung

Diese Notenzeile kannst du als Leseübung – oder auch Lesetext genannt – verwenden. Diese Leseübungen werden dir in diesem Buch öfter begegnen. Das Üben damit funktioniert folgendermaßen:

Du nimmst dir eine Übung von der linken Seite, zum Beispiel Nummer 21, und spielst sie so, wie sie notiert ist, auf der Snare Drum durch. Jetzt kommt der Lesetext zum Einsatz: Die Noten daraus fügst du zusätzlich in die Übung 21 ein. Zunächst auf der Bass Drum. Du musst dabei ein wenig umdenken, denn die Noten aus dem Lesetext sind ja für die Snare Drum aufgeschrieben. Stell dir einfach vor, sie würden etwas weiter unten stehen. Da, wo sonst die Bass Drum notiert ist.

Hier ein Beispiel, damit du weißt, was gemeint ist. Dieses ist die Leseübung. Sie geht über zwei mal vier Takte:

Nun spielst du die Snare-Übung 21 viermal und fügst die Noten aus dem Lesetext auf der Bass Drum ein:

Das Gleiche kannst du nun auch mit der getretenen HiHat machen. Auf der Snare spielst du wieder die Übung 21. Zusätzlich spielst du die Noten aus dem Lesetext. Diesmal mit der getretenen HiHat:

Mache das Gleiche nun auch mit den Übungen 22 bis 28. Zuerst übst du sie mit dem Lesetext auf der Bass Drum und anschließend mit der getretenen HiHat.

TIPP: *Wenn du eine Übung von der linken Seite mit dem Lesetext kombinierst, versuche, sie dir genau einzuprägen. Am besten spielst du sie auswendig. Denn dann kannst du dich voll auf den Lesetext konzentrieren und musst nicht mehr auf die linke Seite schauen.*

Deine Checkliste für die Übungen 21 bis 28:

Tempo	50 bpm		60 bpm		80 bpm		100 bpm	
Dauer	1 Min.	3 Min.	1 Min.	3 Min.	1 Min.	3 Min.	1 Min.	3 Min.
Übung 21								
Übung 22								
Übung 23								
Übung 24								
Übung 25								
Übung 26								
Übung 27								
Übung 28								

Dreiergruppen

Unter einer Dreiergruppe versteht man eine rhythmische Figur, die aus drei Noten besteht.
In diesem Abschnitt geht es um folgende Dreiergruppen:

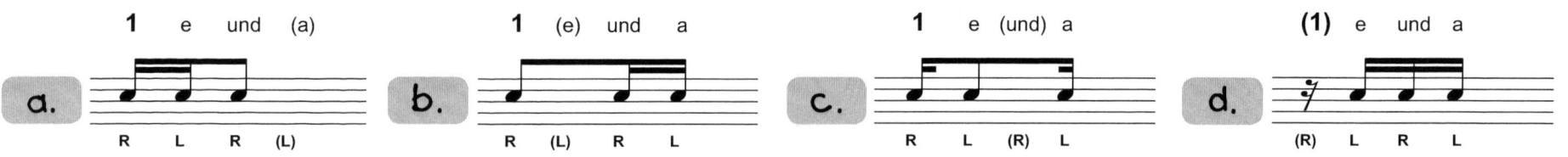

Auf der mp3-CD gibt dir Claus Heßler noch weitere Tipps zu Dreiergruppen!

Figur a. Die Zählzeit „a" bleibt frei.

Figur b. Die Zählzeit „e" bleibt frei.

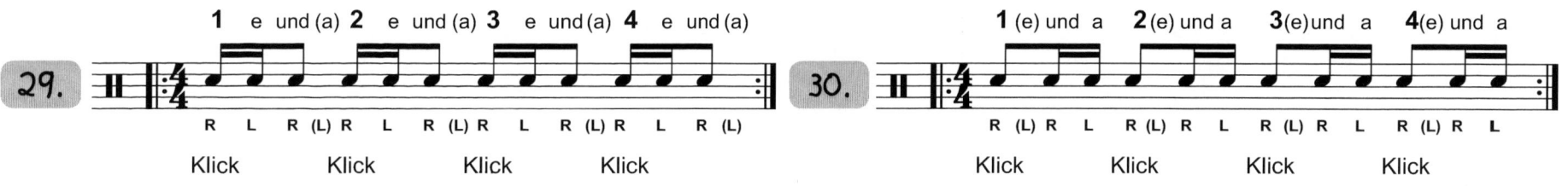

Figur c. Die Zählzeit „und" bleibt frei.

Bei **Figur d** bleiben die Zählzeiten 1, 2, 3 sowie 4 frei. Dort ist eine Sechzehntelpause notiert.

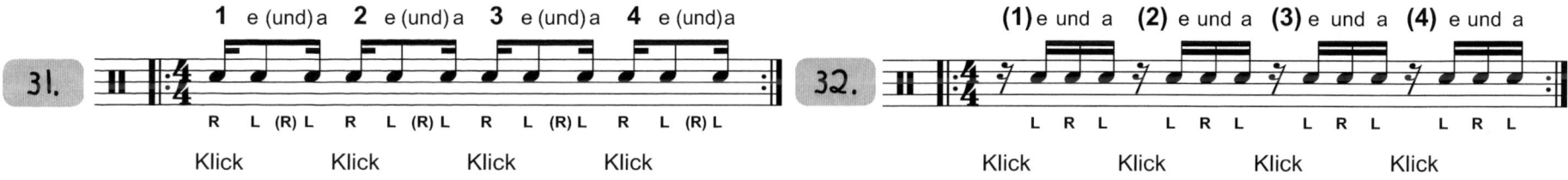

Kombiniere die vier Figuren mit diesem Lesetext. Zunächst auf der Bass Drum und anschließend mit der getretenen HiHat.

In den folgenden vier Übungen werden auch die Dreiergruppen gespielt.
Zusätzlich aber auch noch die komplette **Sechzehntel-Figur**, die aus vier Schlägen besteht.

Auf der Bass Drum spielst du dazu Viertelnoten. Spiele diese Viertelnoten später auch auf der getretenen HiHat statt auf der Bass Drum.

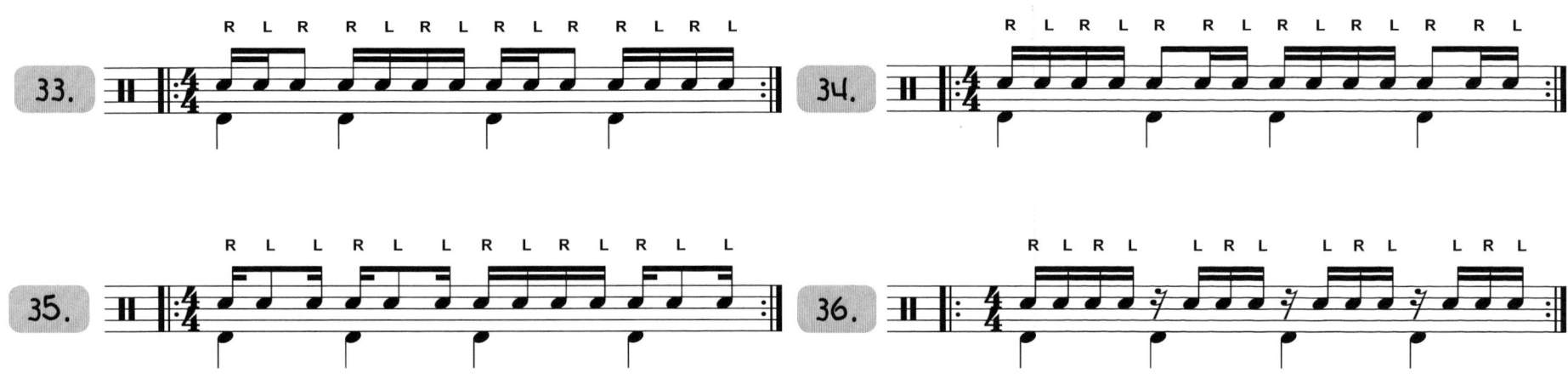

Hier spielst du auch wieder die Dreiergruppen. Diesmal sind in den Übungen Achtelnoten und Viertelnoten enthalten.

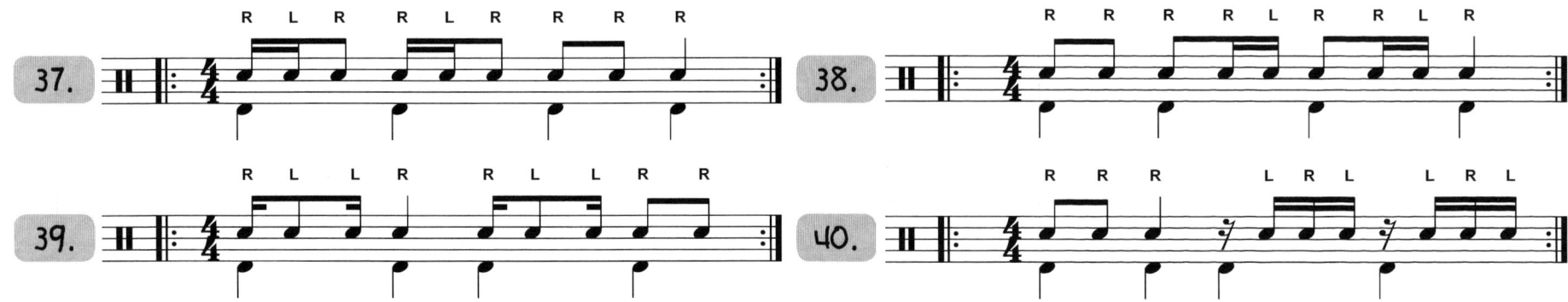

Kräsch! Bum! Bäng! Intensiv

Spiele die Dreiergruppen in den Fill-Ins.

TIPP: *Bevor du die ganze Übung spielst, solltest du dir zunächst jeweils den letzten Takt der Übung, also den Fill-In, ansehen und auch schon ein paar Mal durchspielen. Erst dann die komplette Übung. Auf diese Weise bist du auf den Fill-In gut vorbereitet.*

Leseübung

In dieser Leseübung werden nun die vier HiHat-Figuren (a bis d) mit den Übungen 45 bis 48 kombiniert.
Dabei spielst du die HiHat bei jeder Übung nur mit der rechten Hand. Die linke Hand bleibt auf der Snare Drum.
Spiele erst die Übungen 59 bis 62 mit der Figur a. Spiele danach alle Übungen mit der Figur b und so weiter,
so dass du am Ende jede Übung mit jeder Figur gespielt hast.

An diesem Beispiel kannst du sehen, wie das funktioniert:

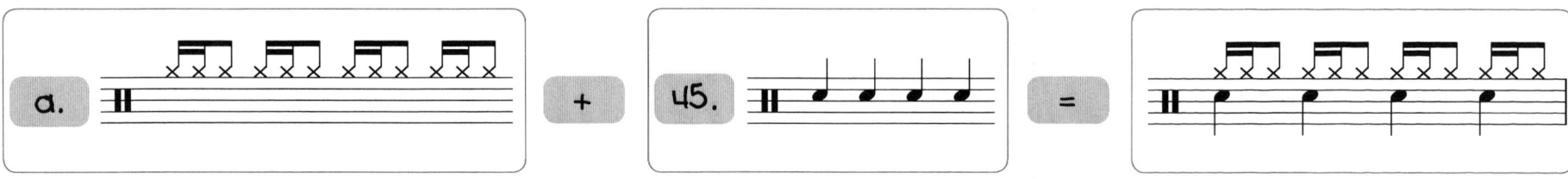

Füge in diese vier Übungen nun die HiHat-Figuren a bis d ein, so dass du schließlich jede HiHat Figur mit jeder Übung gespielt hast.

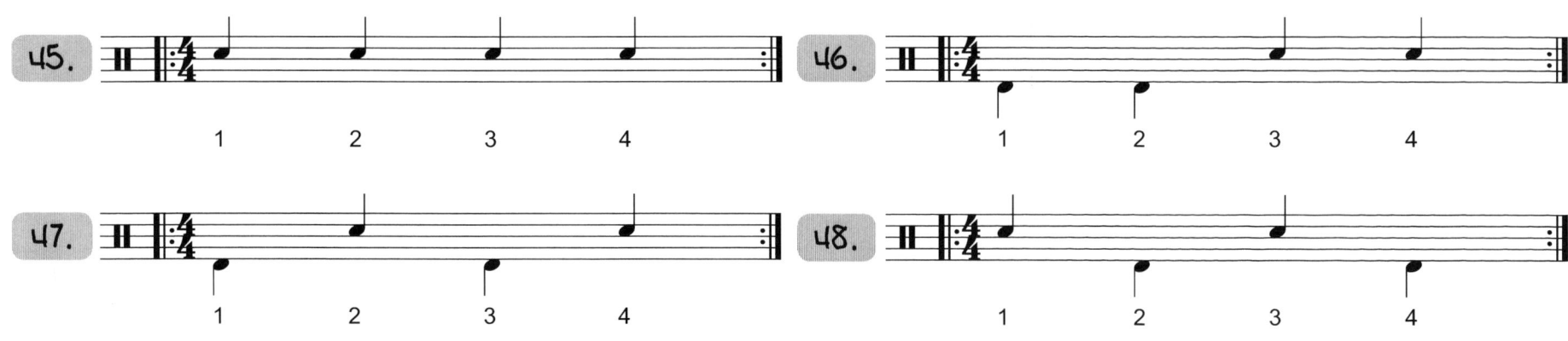

TIPP: *Präge dir die HiHat-Figur, die du einfügen möchtest, vorher genau ein und stell dir vor, dass sie, so wie sonst auch, oben auf der ersten Notenlinie steht. Du brauchst dafür ein wenig Phantasie und Vorstellungskraft. Aber du wirst das sicher schaffen!*

Hier deine Checkliste für die Übungen 29 bis 48:

Tempo	50 bpm		60 bpm		80 bpm		100 bpm	
Dauer	1 Min.	3 Min.	1 Min.	3 Min.	1 Min.	3 Min.	1 Min.	3 Min.
Übung 29								
Übung 30								
Übung 31								
Übung 32								
Übung 33								
Übung 34								
Übung 35								
Übung 36								
Übung 37								
Übung 38								
Übung 39								
Übung 40								
Übung 41								
Übung 42								
Übung 43								
Übung 44								
Übung 45								
Übung 46								
Übung 47								
Übung 48								

Dreiergruppen

Spielpause

M	U	S	I	K	S	T	D	D	H	H	E	C	V	B
Q	N	W	R	T	T	O	Z	J	I	O	Ö	L	P	E
S	T	I	C	K	Y	M	X	C	H	C	B	B	W	C
Q	E	S	R	R	G	N	N	M	A	K	L	I	C	K
P	R	F	Ä	N	O	T	E	O	T	E	A	P	A	E
L	R	H	Y	T	H	M	U	S	Q	R	B	P	A	N
Ä	I	U	Ü	R	E	T	Ä	N	B	R	C	Ü	J	A
U	C	U	Ü	O	E	Z	Ä	A	B	T	K	B	J	W
I	H	F	H	M	F	U	Q	R	J	S	L	E	L	W
I	T	G	S	M	F	U	M	E	T	R	O	N	O	M
T	B	H	V	E	Z	I	X	L	Ö	Z	Z	E	E	Z
G	V	J	H	L	T	R	U	D	I	M	E	N	T	S
K	R	Ä	S	C	H	B	U	M	B	Ä	N	G	X	Y

Diese Wörter sind versteckt:

1. MUSIK
2. UNTERRICHT
3. STICK
4. RHYTHMUS
5. SNARE
6. METRONOM
7. ÜBEN
8. BECKEN
9. TROMMEL
10. KLICK
11. HIHAT
12. RUDIMENTS
13. TOM
14. HOCKER
15. NOTE

Die Rudiments

Die sogenannten Rudiments sind für Schlagzeuger sehr wichtig. Das englische Wort „Rudiments" könnte man etwa mit „Grundlagen" übersetzen. Bei diesen Rudiments handelt es sich um einige genau festgelegte Rechts-Links-Schlagfolgen. Manche von diesen Schlagfolgen benötigt man beim Spielen häufiger, andere wiederum nicht so häufig. Das kommt unter anderem auch darauf an, welche Musik man spielt. Als Schlagzeuger solltest du dich im Laufe der Zeit aber mit jedem dieser Rudiments beschäftigen. Hier lernst du nun zunächst die drei Rudiments kennen, die dir wahrscheinlich am häufigsten begegnen werden. Die erste dieser grundlegenden Schlagfolgen kennst du sogar schon.

Höre dir auch an, was Claus Heßler auf der mp3-CD zu diesem Thema an Tipps parat hat!

1. Der Einzelschlagwirbel (englisch: *Single Stroke Roll*)

Bei dieser Schlagfolge werden alle Schläge immer abwechselnd mit rechts und links ausgeführt. Das kennst du ja schon und beherrschst es inzwischen bestimmt schon sehr gut. Spiele die nächsten Übungen aber dennoch durch. Dadurch kannst du dich ein wenig warmspielen und dich auf die Übungen vorbereiten, die danach kommen und die etwas schwieriger sind. Verwende auch hier wieder dein Metronom und beginne schön langsam. Zum Beispiel im Tempo 60 bpm.

Zunächst Achtelnoten: Jetzt mit Sechzehntelnoten:

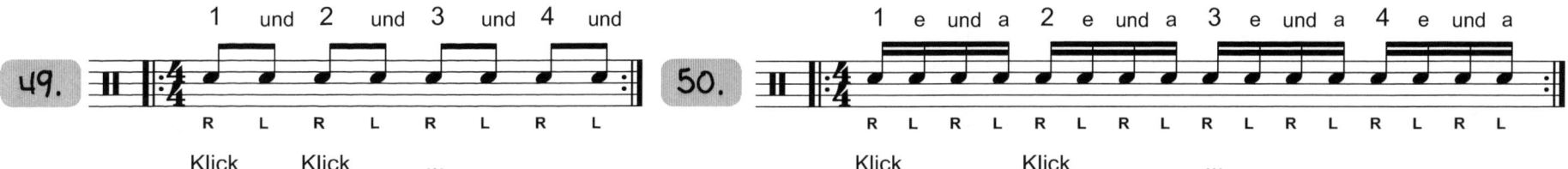

2. Der Doppelschlagwirbel (englisch: *Double Stroke Roll*)

Dabei werden immer zwei Schläge mit derselben Hand ausgeführt. Also erst zwei Schläge rechts, dann zwei links, zwei rechts und so weiter. Beginne auch hier wieder schön langsam und erhöhe dann nach und nach dein Tempo. Solltest du bei Übung 52 zunächst Schwierigkeiten haben, gehe mit dem Tempo ruhig noch weiter nach unten. Zum Beispiel auf Tempo 40 oder 50 bpm.

Wieder Achtelnoten... :   ... und Sechzehntelnoten:

3. Der Paradiddle

Der Paradiddle ist die schwierigste der drei Schlagfolgen. Auf den ersten Blick wirkt er vielleicht etwas unübersichtlich. Wenn du ihn aber häufiger geübt hast, wirst du dich sicher bald an ihn gewöhnt haben. Die Paradiddle-Schlagfolge lautet R-L-R-R-L-R-L-L.

Beginne auch hier wieder schön langsam. Auch Tempo 40 bpm ist völlig in Ordnung. Denke immer daran:

Geschwindigkeit ist zunächst nicht wichtig!

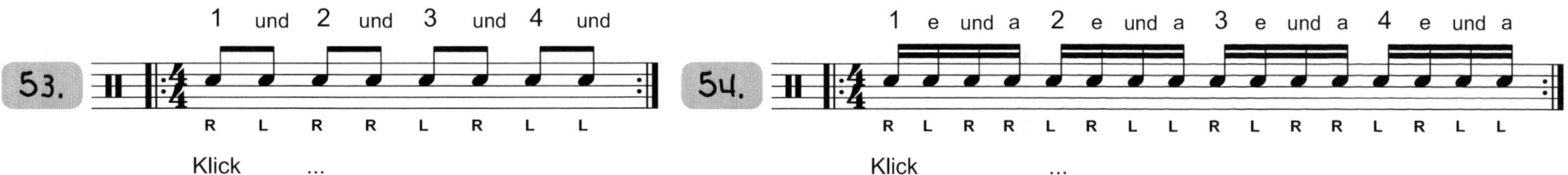

Kombiniere nun die Übungen 49 bis 54 mit diesem Lesetext.
Zuerst spielst du den Lesetext wieder auf der Bass Drum, anschließend mit der getretenen HiHat.

Hier nochmal als Beispiel die Übung 54 zusammen mit dem Lesetext (*hier mit der HiHat*):

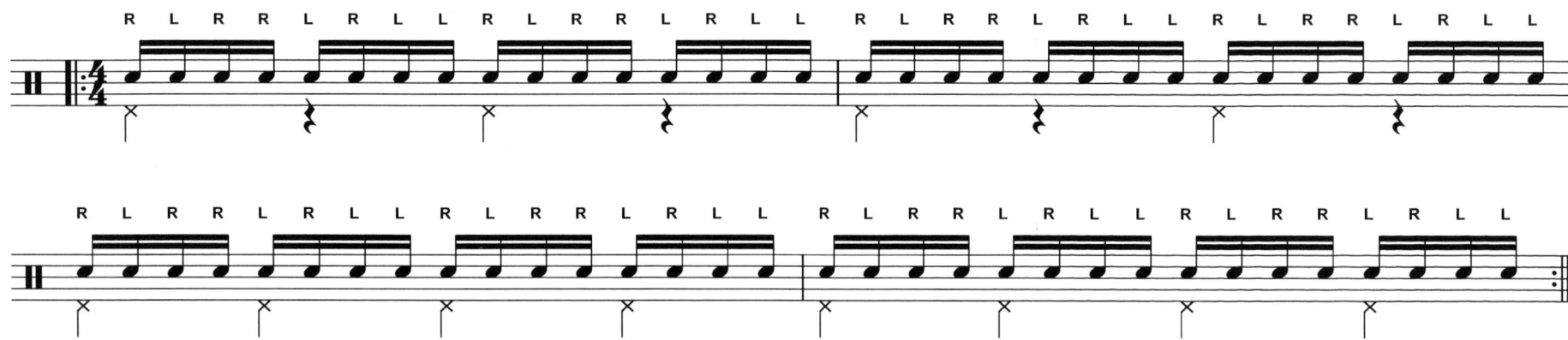

Du solltest deine Rudiments immer wieder üben, bis du sie richtig schön flüssig und sauber spielen kannst.
Sie eignen sich auch prima als Aufwärmübungen. Wenn du dich also zum Üben an dein Schlagzeug setzt, spiele zu Beginn für ein paar
Minuten eines der Rudiments. Zunächst, wie immer, schön langsam und später vielleicht auch schon etwas schneller.
Zum Aufwärmen kannst du auch die folgenden Übungen mit Achtel- und Sechzehntelnoten verwenden. In ihnen sind Teile
der Rudiments, also Einzelschläge, Doppelschläge oder auch der Paradiddle enthalten. Achte also genau auf die Schlagfolgen,
die oberhalb der Noten stehen. Spiele außerdem Viertelnoten auf der Bass Drum, die du später auch auf die getretene HiHat
übertragen kannst.

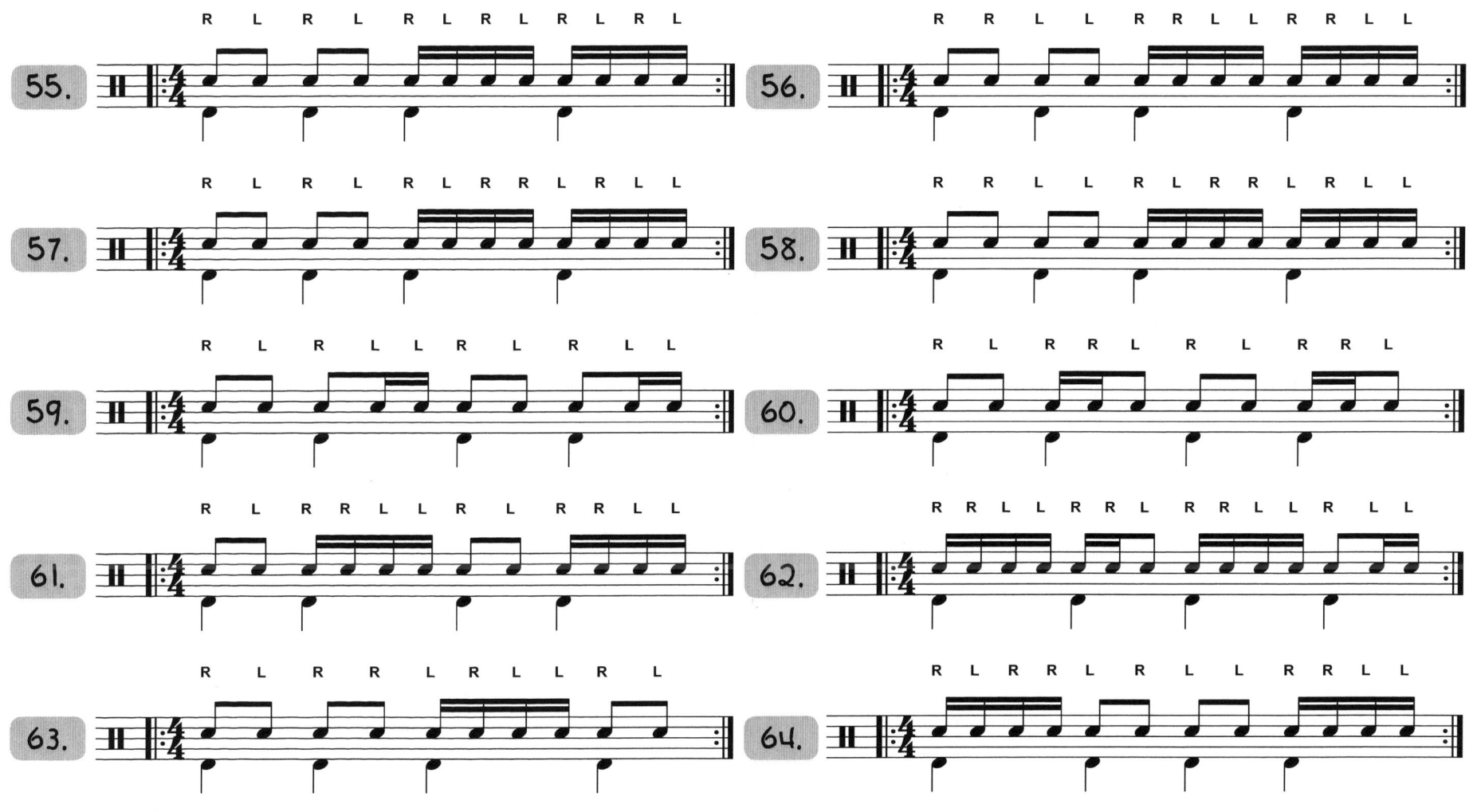

TIPP: *Nochmal zur Erinnerung: Übe höchstens zwei Übungen pro Tag und eine Seite pro Woche!*

Spiele die Übungen 55 bis 66 auch als Fill-In, indem du vorweg einen dreitaktigen Groove spielst.
Du kannst dazu einen Groove deiner Wahl spielen. Du solltest jedoch zunächst darauf achten, dass der Groove nicht zu schwierig ist.
Wenn du einen etwas einfacheren Groove wählst, kannst du dich sozusagen etwas erholen während du ihn spielst und dich schon voll auf den Fill-In konzentrieren, der anschließend folgt.

Hier ein Beispiel. Zuerst drei Takte Groove und dann Übung 60 als Fill-In:

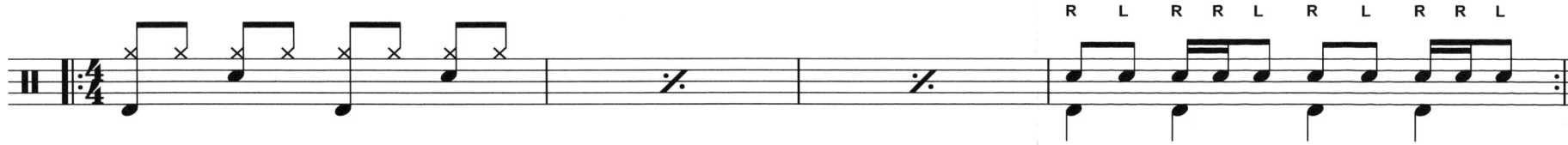

Denke dir selber Groove-Takte aus und trage sie hier jeweils in die ersten leeren Takte ein. Anschließend kannst du eine von den Übungen 55 bis 66, oder auch eigene Ideen, in den letzten Takt übertragen und dann die komplette Übung durchspielen.
Trage die Noten am besten mit einem Bleistift ein, damit du korrigieren oder die Seite nochmal neu beschriften kannst.

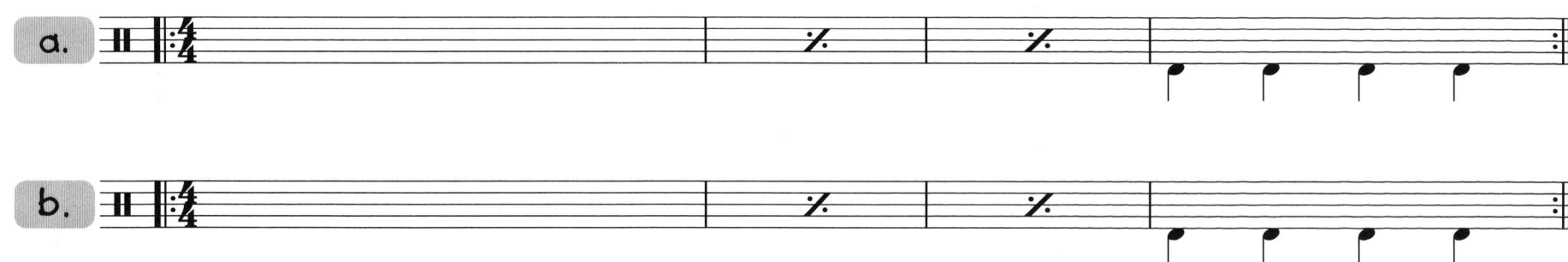

TIPP: Verteile deine Fill-Ins mit den Dreiergruppen auch auf den Toms!

Hier deine Checkliste für die Übungen 49 bis 66:

Tempo	50 bpm		60 bpm		80 bpm		100 bpm	
Dauer	1 Min.	3 Min.	1 Min.	3 Min.	1 Min.	3 Min.	1 Min.	3 Min.
Übung 49								
Übung 50								
Übung 51								
Übung 52								
Übung 53								
Übung 54								
Übung 55								
Übung 56								
Übung 57								
Übung 58								
Übung 59								
Übung 60								
Übung 61								
Übung 62								
Übung 63								
Übung 64								
Übung 65								
Übung 66								

Triolen

Bei den Triolen handelt es sich gewissermaßen auch um Dreiergruppen. Es gibt jedoch einen entscheidenden Unterschied: Bei den Figuren, die du bisher kennen gelernt hast, waren es bei einer kompletten Figur entweder

zwei Achtelschläge,  oder vier Sechzehntelschläge.

Die Anzahl der Schläge bei der vollständigen Figur ließ sich also immer durch zwei teilen. Wenn du eine Dreiergruppe spielen wolltest, musstest du also, zum Beispiel bei den Sechzehntelnoten, einen Schlag auslassen. Bei den Triolen ist das anders. Da besteht bereits die komplette rhythmische Figur von vornherein nur aus drei Schlägen. Bei den meisten modernen Metronomen lässt sich ein triolischer Klick einstellen. Diese Funktion solltest du zu Beginn nutzen. Das wird dir helfen, dich an die Triolen-Rhythmik zu gewöhnen. In dem folgenden Beispiel siehst du, wie man Achtel-Triolen zählt und wie die Rechts-Links-Schlagfolge ist.

Beispiel:

Zähle: 1 e und 2 e und 3 e und 4 e und

Hände: R L R L R L R L R L R L

Triolischer Klick (die Klicks auf den Viertel-Zählzeiten sind fett gedruckt): **Klick** Klick Klick **Klick** Klick Klick **Klick** Klick Klick **Klick** Klick Klick

67.

1 e und 2 e und 3 e und 4 e und

R L R L R L R L R L R L

Klick **Klick** **Klick** **Klick**

68.

1 e und 2 e und 3 e und 4 (e und)

R L R L R L R L R L

Klick **Klick** **Klick** **Klick** Klick Klick

69.

1 e und 2 (e und) 3 e und 4 e und

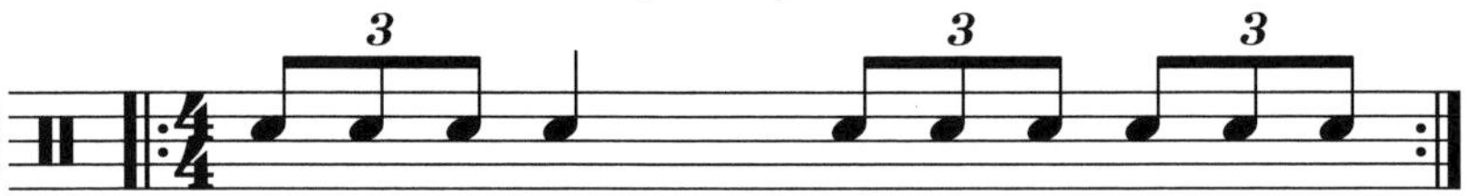

R L R L R L R L R L

Klick **Klick** Klick Klick **Klick** **Klick**

70.

1 e und 2 (e und) 3 e und 4 (e und)

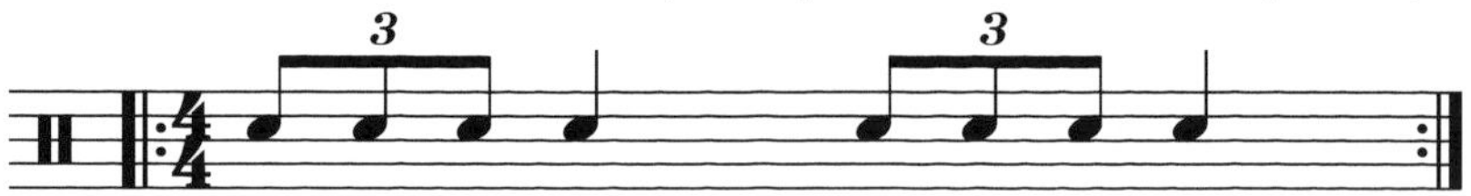

R L R L R L R L

Klick **Klick** Klick Klick **Klick** **Klick** Klick Klick

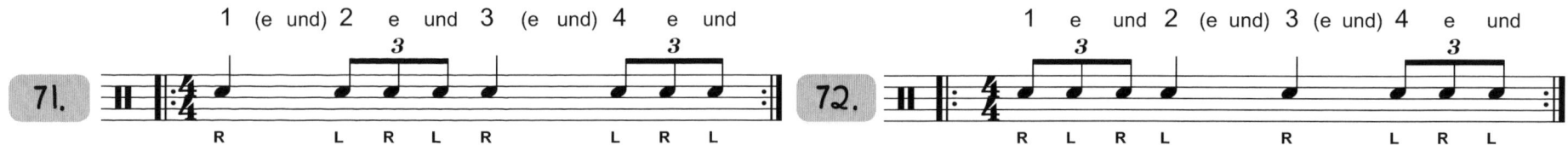

Kombiniere die Übungen 67 bis 72 mit diesem Lesetext auf der Bass Drum und auf der getretenen HiHat.

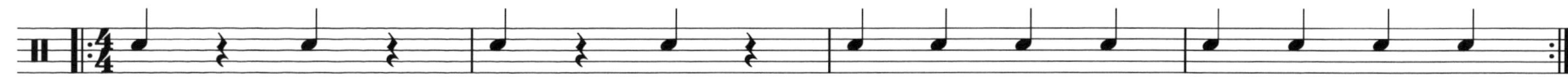

Hier, als Beispiel, die Übung 67 zusammen mit dem Lesetext auf der Bass Drum:

Hier deine Checkliste für die Übungen 67 bis 72:

Tempo	50 bpm		60 bpm		80 bpm		100 bpm	
Dauer	1 Min.	3 Min.	1 Min.	3 Min.	1 Min.	3 Min.	1 Min.	3 Min.
Übung 67								
Übung 68								
Übung 69								
Übung 70								
Übung 71								
Übung 72								

Triolen  29

Achtel-Triolen auf der HiHat

Du kannst die Achtel-Triolen natürlich nicht nur auf der Snare, sondern auch auf der HiHat spielen. Wenn du sie dann mit Schlägen auf der Bass Drum und Snare Drum kombinierst, erhältst du triolische Grooves, die in vielen verschiedenen Musikrichtungen vorkommen. Eine typische Musikrichtung für triolische Grooves wäre zum Beipiel der Blues.

Spiele nun die Triolen auf der HiHat. Alle Schläge werden mit der rechten Hand ausgeführt.

In der ersten Übung spielst du ausschließlich die HiHat, in den weiteren Übungen kommen dann auch Bass Drum und Snare Drum hinzu.

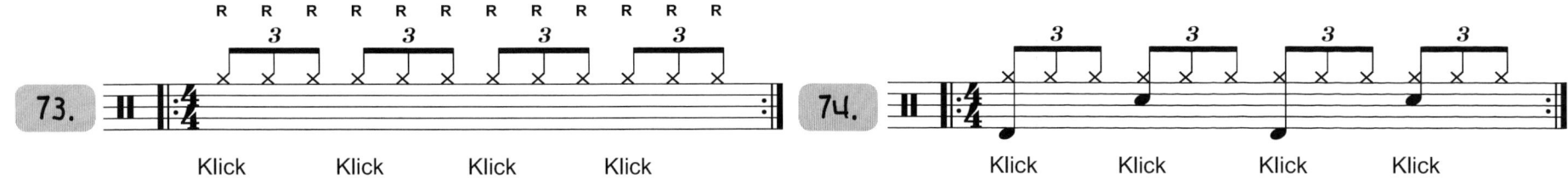

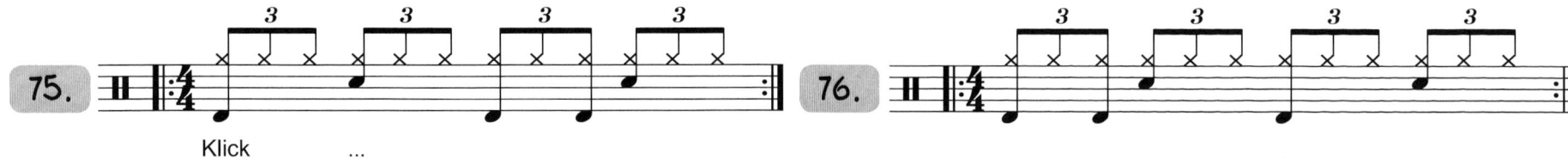

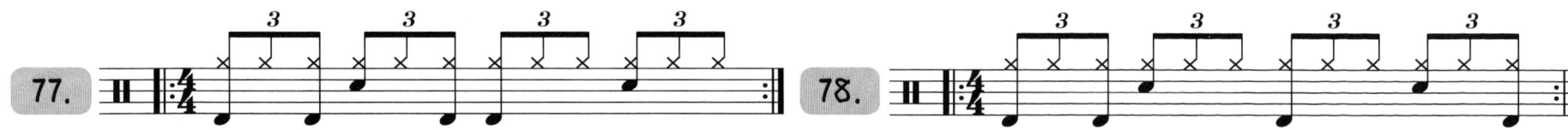

TIPP: *Alle Übungen kannst du dir auch auf der mp3-CD anhören, die diesem Buch beigelegt ist.*

Kräsch! Bum! Bäng! Intensiv

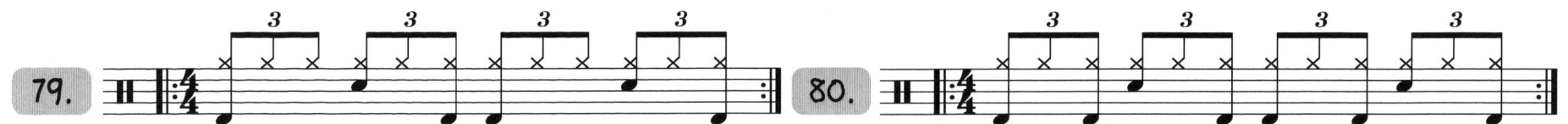

Hier deine Checkliste für die Übungen 73 bis 80:

Tempo	50 bpm		60 bpm		80 bpm		100 bpm	
Dauer	1 Min.	3 Min.	1 Min.	3 Min.	1 Min.	3 Min.	1 Min.	3 Min.
Übung 73								
Übung 74								
Übung 75								
Übung 76								
Übung 77								
Übung 78								
Übung 79								
Übung 80								

Weitere Taktarten mit Dreiergruppen

12/8-Takt

Auf der mp3-CD gibt dir Claus Heßler auch noch einige Tipps zu Triolen und dem 6/8 Takt!

Häufig werden Grooves dieser Art auch als 12/8-Takt notiert. Dann handelt es sich nicht mehr um Triolen, sondern um „normale" Achtelnoten.

12/8-Takt heißt es dehalb, weil 12 Achtelnoten in diesem Takt Platz finden:

Beispiel:

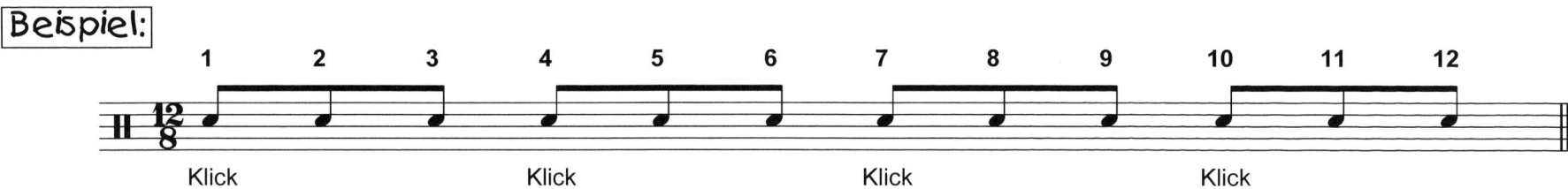

6/8-Takt

Eine weitere Möglichkeit ist der 6/8-Takt. Da die Takte nur halb so lang sind wie ein 12/8-Takt, sind sie übersichtlicher und außerdem leichter zu zählen.

Beispiel A: 4/4-Takt mit Achtel-Triolen

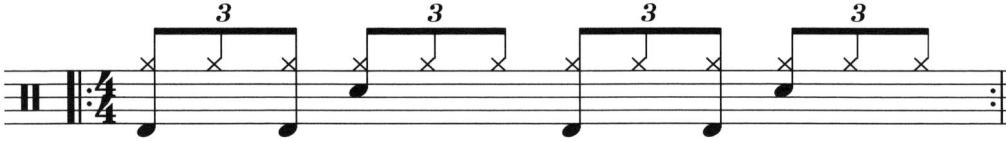

Beispiel B: 12/8-Takt mit „normalen" Achtelnoten

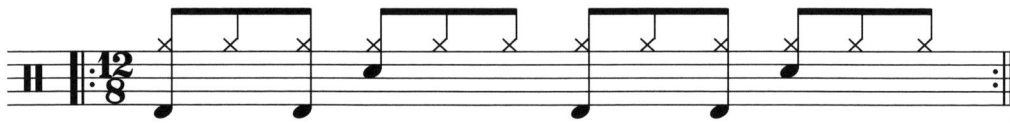

Beispiel C: Zwei 6/8-Takte mit „normalen" Achtelnoten

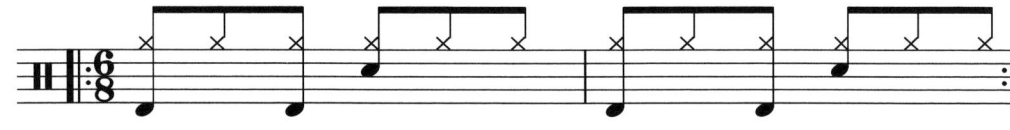

Kräsch! Bum! Bäng! Intensiv

6/8 Grooves und Fill-Ins

Hier ein paar Beispiele für 6/8-Grooves mit Fill-Ins. Bevor du mit den Übungen beginnst, solltest du dein Metronom auf einen 6/8-Klick einstellen. Die meisten modernen Metronome bieten diese Möglichkeit.

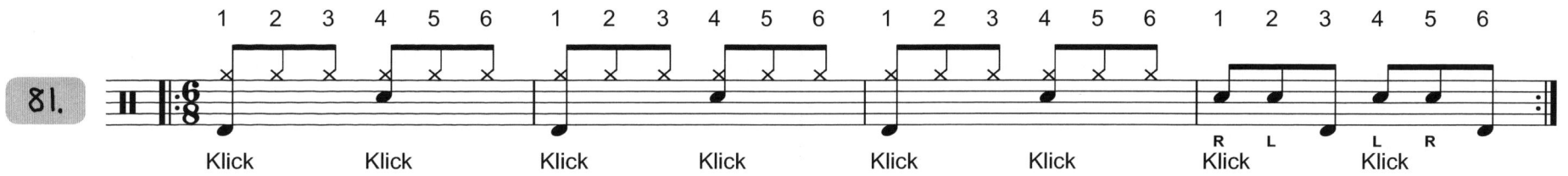

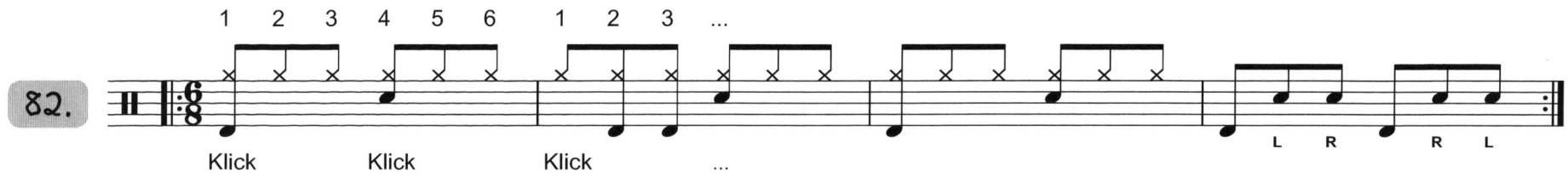

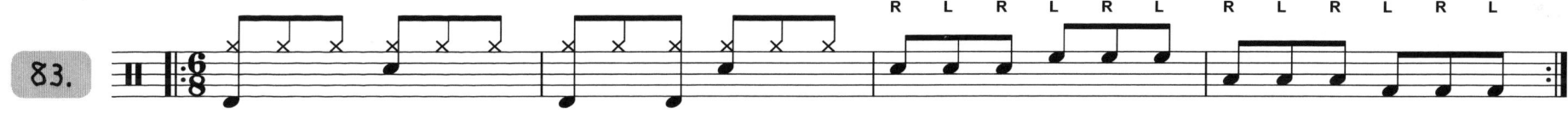

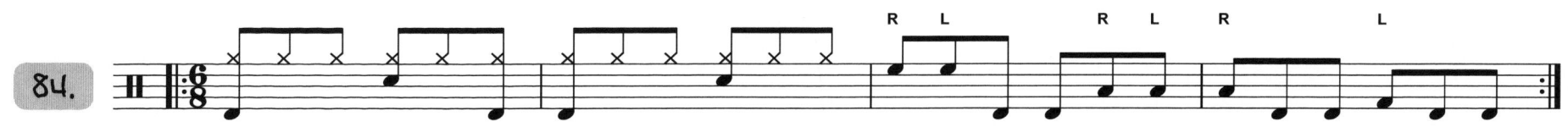

Spiele die Übungen 81 bis 84 auch mit einem Crash Becken auf der Zählzeit „1" des ersten Taktes und spiele sie außerdem auch auf dem Ride Becken statt der HiHat.

Beispiel:
Crash Becken

Beispiel:
Ride Becken

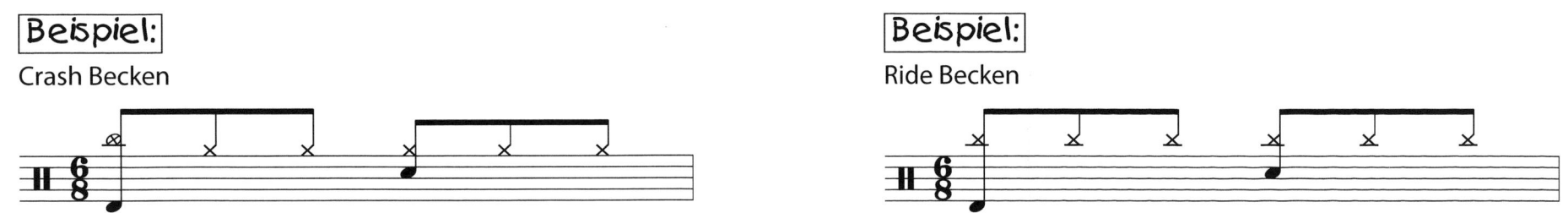

Hier deine Checkliste für die Übungen 81 bis 84:

Tempo	50 bpm		60 bpm		80 bpm		100 bpm	
Dauer	1 Min.	3 Min.	1 Min.	3 Min.	1 Min.	3 Min.	1 Min.	3 Min.
Übung 81								
Übung 82								
Übung 83								
Übung 84								

Ein neuer Rhythmus: Der Shuffle

Wenn du, wie in Übung 85, die mittlere Achtelnote der Dreiergruppe durch eine Pause ersetzt, ergibt sich ein Rhythmus, der ebenfalls in vielen Musikrichtungen verwendet wird: Der Shuffle.

Die meisten Metronome bieten auch die Funktion eines Shuffle-Klicks, die normalerweise durch ein solches Symbol kenntlich gemacht ist:

(Achtelnote-Achtelpause-Achtelnote)

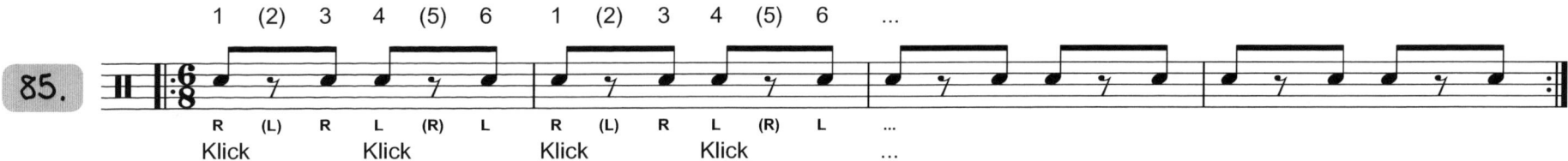

Übe die Shuffle-Figur zunächst mit unterschiedlichen Schlagfolgen 86 - 88:

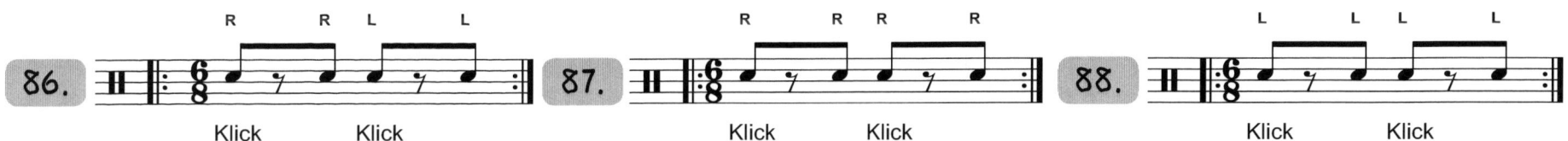

Und kombiniere sie nun mit der kompletten Achtel-Figur. Beachte auch hier die Schlagfolgen!

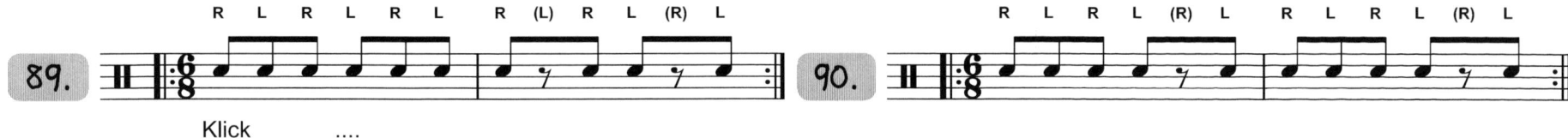

Klick ....

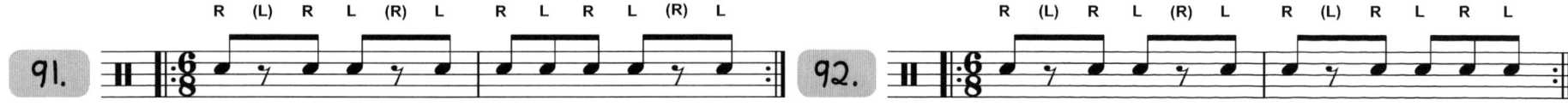

Übertrage die Shuffle-Figur nun auf die HiHat. Anschließend kommen auch noch die Bass Drum und Snare Drum hinzu.

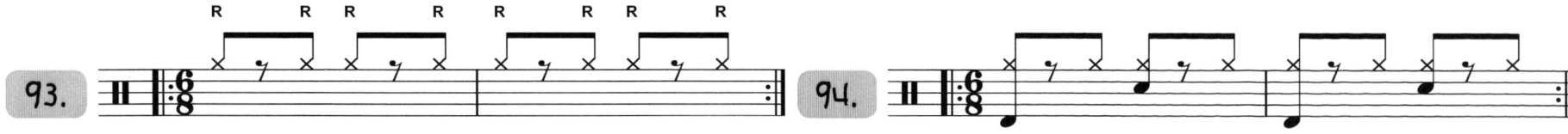

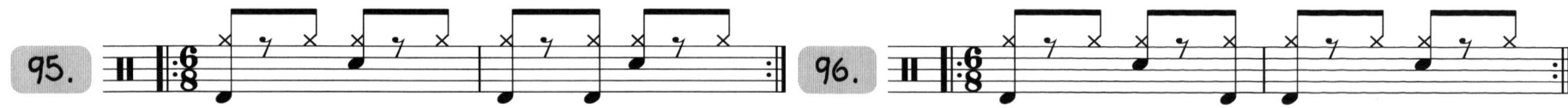

Kräsch! Bum! Bäng! Intensiv

Groove-Fill Puzzle

Kombiniere hier die Groove-Takte (I. und II.) auf der linken Seite mit den Fill-Ins (a bis e) auf der rechten Seite. Und zwar so, dass du am Ende jeden der Groove-Takte auf der linken Seite mit jedem Fill-In gespielt hast.

97.

a.

I.

b.

c.

d.

II.

e.

Hier deine Checkliste für die Übungen 85 bis 97:

Tempo	50 bpm		60 bpm		80 bpm		100 bpm	
Dauer	1 Min.	3 Min.	1 Min.	3 Min.	1 Min.	3 Min.	1 Min.	3 Min.
Übung 85								
Übung 86								
Übung 87								
Übung 88								
Übung 89								
Übung 90								
Übung 91								
Übung 92								
Übung 93								
Übung 94								
Übung 95								
Übung 96								
Übung 97								

Spielpause

Hier ist einiges durcheinander gekommen. Mach doch mal ein bisschen Ordnung in diesem Kuddelmuddel, indem du die Begriffe auf der linken Seite mit den passenden Symbolen rechts mit einem Strich verbindest.

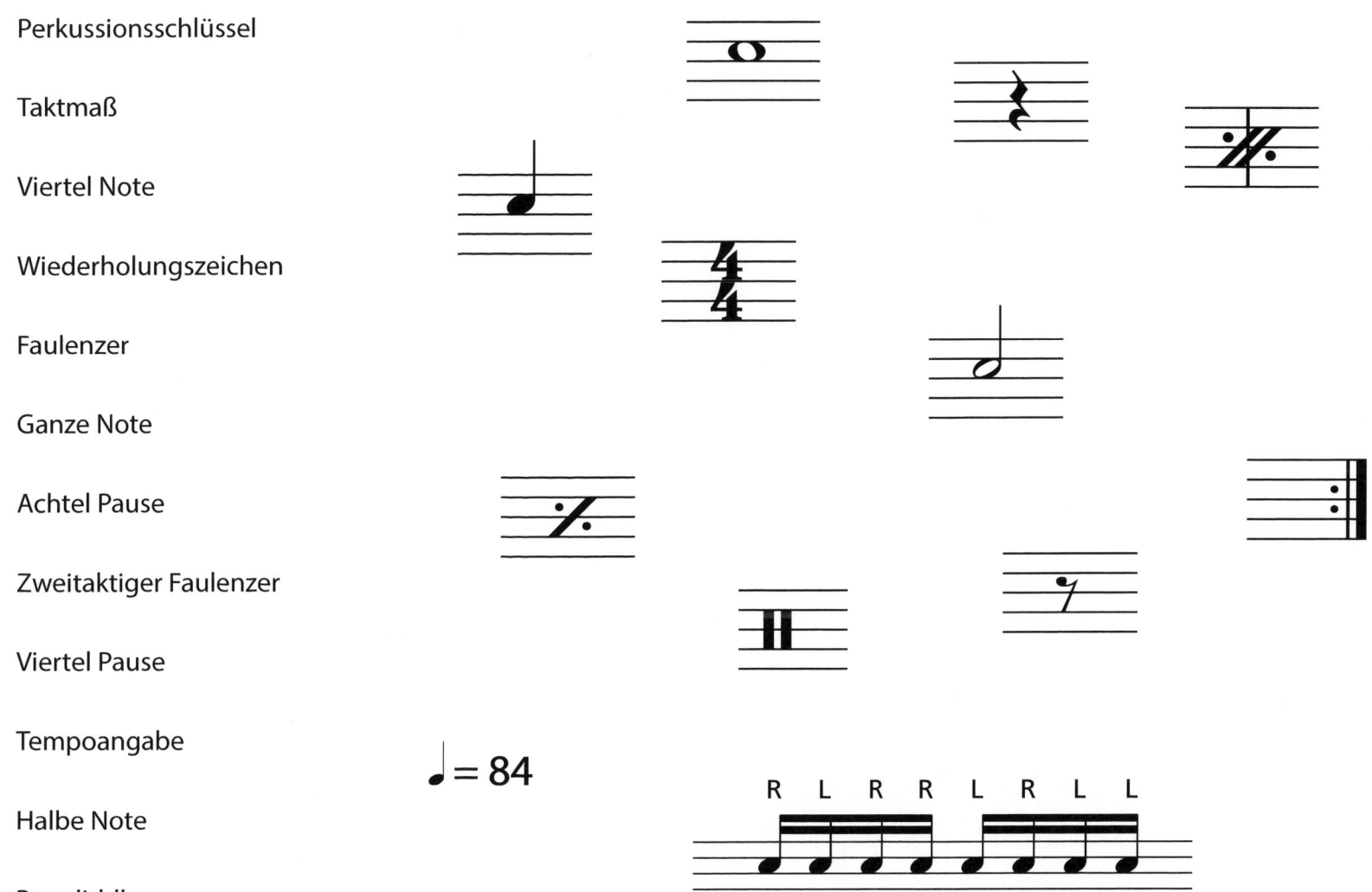

Perkussionsschlüssel

Taktmaß

Viertel Note

Wiederholungszeichen

Faulenzer

Ganze Note

Achtel Pause

Zweitaktiger Faulenzer

Viertel Pause

Tempoangabe

Halbe Note

Paradiddle

Auflösung siehe Seite 92

Zum Thema Dynamik erhältst du auf der mp3-CD auch wertvolle Tipps von Claus Heßler!

Dynamik - laut und leise

Wenn man in der Musik von Dynamik spricht, geht es um die Lautstärke, mit der man spielt und die Lautstärkenunterschiede, die man in das Spiel einbaut. Dynamik, also das wechselnde Spiel von laut und leise, ist in der Musik sehr wichtig. Wenn du dir mal ein paar Lieder anhörst, wirst du merken, dass die Instrumente während eines Stückes häufig ihre Lautstärke verändern.
Das macht die Musik interessant und abwechslungsreich.

Laute Schläge: Akzente

In den folgenden Übungen steht die Dynamik im Vordergrund. Zunächst geht es um einen lauten Schlag, den Akzent.
Schläge, über denen ein Akzent notiert ist, werden lauter gespielt, als die übrigen Schläge. Als Orientierung kannst du dir zunächst merken: Schläge mit Akzent sollten ungefähr doppelt so laut gespielt werden wie Schläge ohne Akzent. Spiele auf den Viertelzählzeiten (1, 2, 3 und 4) zusätzlich die getretene HiHat.

98.
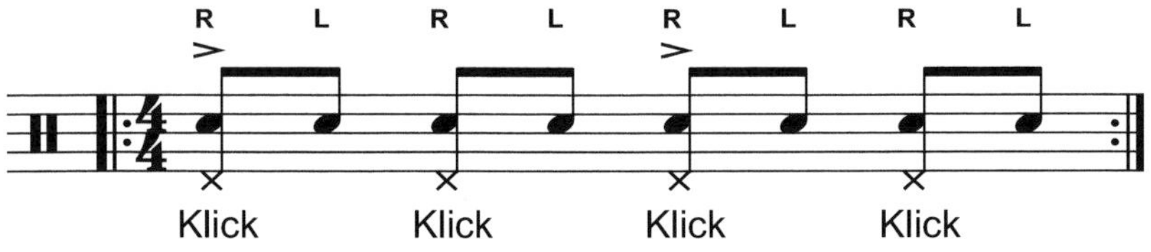

99.
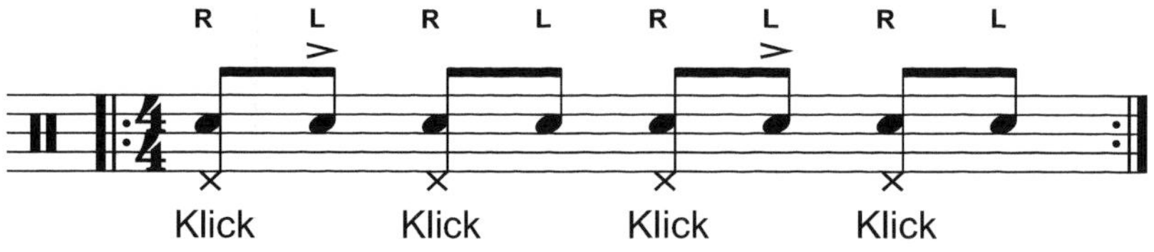

100.
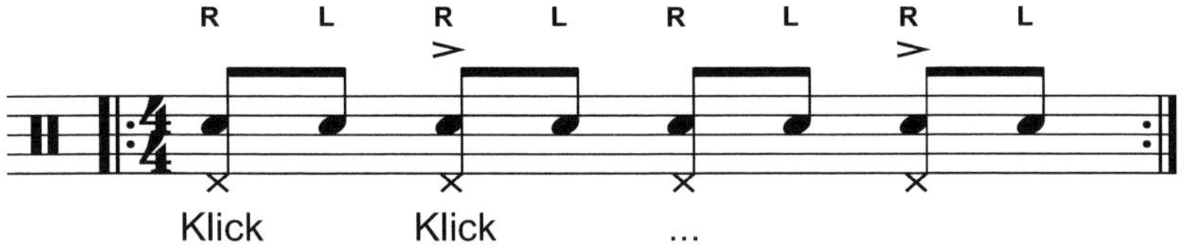

101.
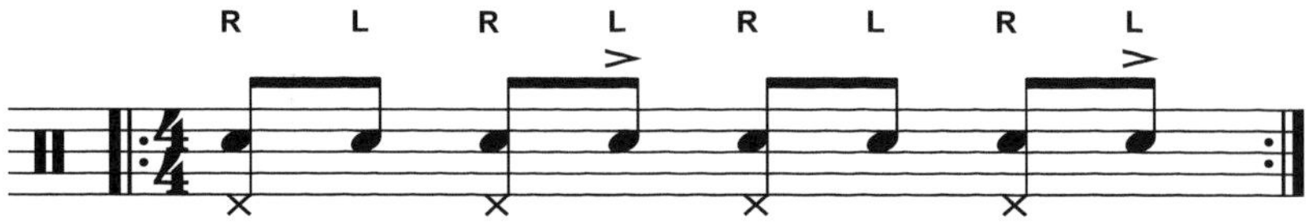

102.
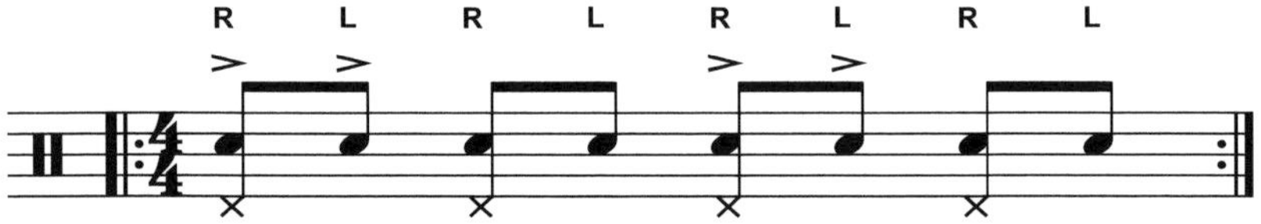

Spiele die Akzente auch auf den Toms.

103.
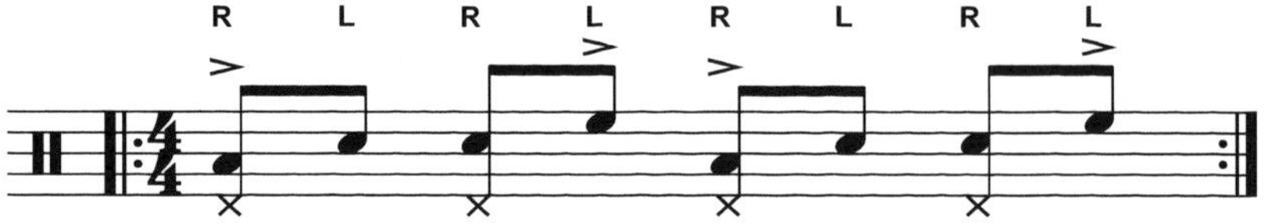

104.
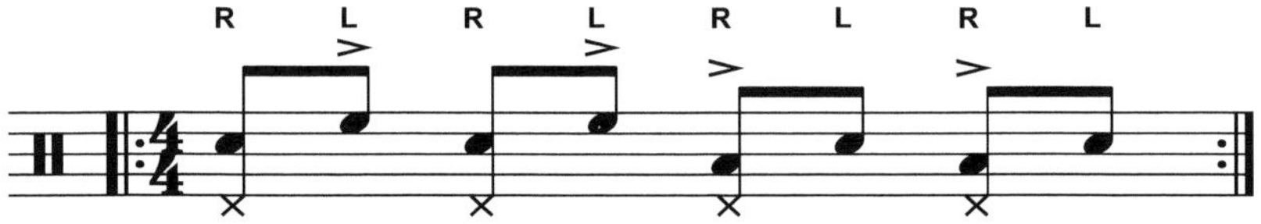

105.
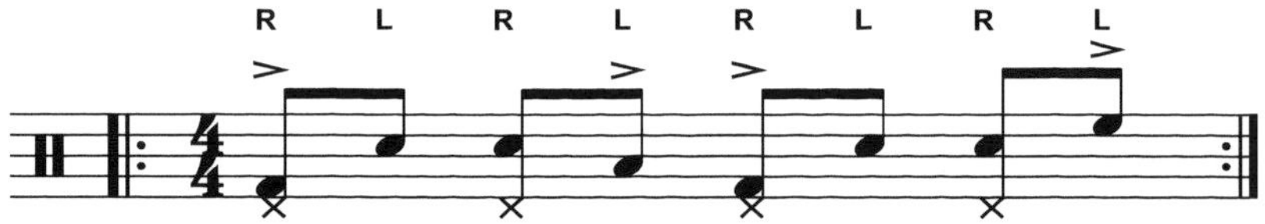

Füge in die Übungen 92 bis 99 diesen Lesetext auf der Bass Drum ein:

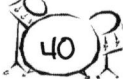

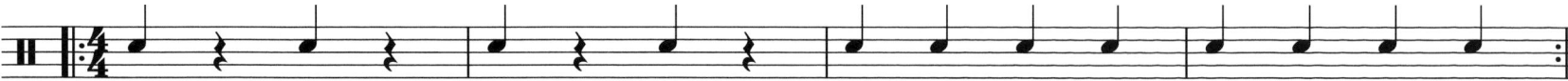

Akzente in 6/8-Takten

106.

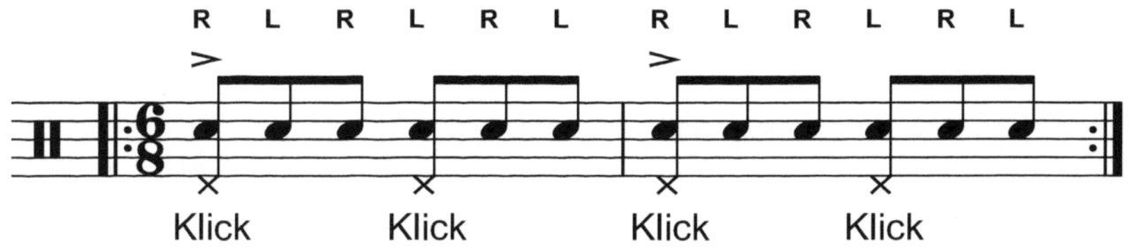

107.

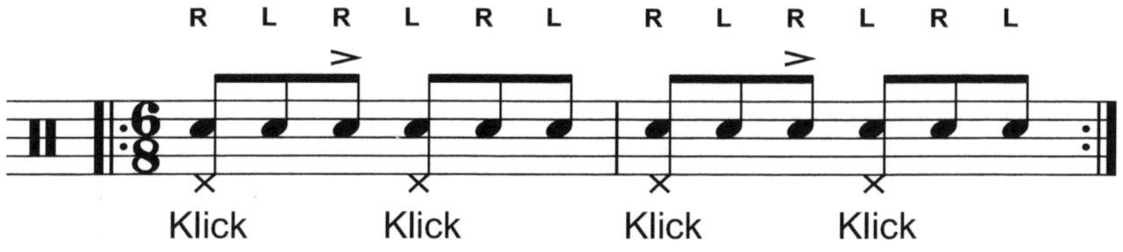

Klick   Klick   Klick   Klick

Klick   Klick   Klick   Klick

108.

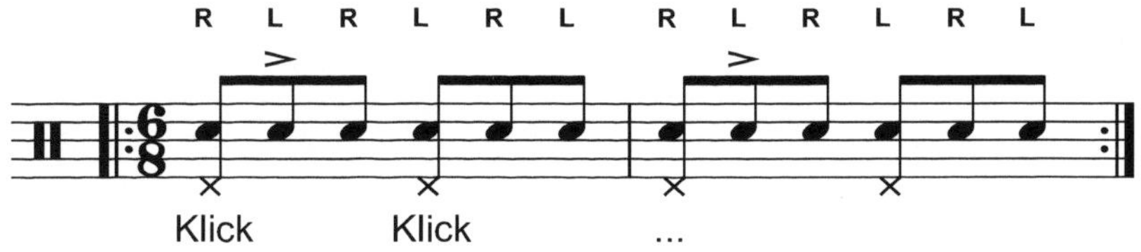

109.

Klick   Klick   ...

Spiele auch hier die Akzente auch auf den Toms.

110.

111.

112.

113.

> **TIPP: Du kannst die Schläge natürlich später auch anders auf den Toms verteilen. Lass deiner Phantasie freien Lauf!**

Spiele die Übungen 106 bis 113 mit den Akzenten auch, indem du die Schläge folgendermaßen auf die Snare und die Toms verteilst:

Eine Dreiergruppe auf der Snare Drum;   *Die nächste Gruppe auf Tom 1;*   *Dann eine auf Tom 2 ...*   *... und noch eine auf Tom 3 ...*   *... und so weiter ...*

41

Hier deine Checkliste für die Übungen 98 bis 113:

Tempo	50 bpm		60 bpm		80 bpm		100 bpm	
Dauer	1 Min.	3 Min.	1 Min.	3 Min.	1 Min.	3 Min.	1 Min.	3 Min.
Übung 98								
Übung 99								
Übung 100								
Übung 101								
Übung 102								
Übung 103								
Übung 104								
Übung 105								
Übung 106								
Übung 107								
Übung 108								
Übung 109								
Übung 110								
Übung 111								
Übung 112								
Übung 113								

Leise Schläge: Ghost Notes

Nachdem du eben die lauten Schläge geübt hast, kommen jetzt die leisen Schläge an die Reihe. Diese leisen Schläge nennt man „Ghostnotes". Das ist englisch und heißt übersetzt „Geisternoten". Sie heißen deshalb so, weil man sie so leise spielt, dass sie fast wie ein gespenstisches Rascheln klingen, das man nur im Hintergrund hört. Versuche also, die Ghostnotes wirklich sehr, sehr leise zu spielen, indem du mit dem Stick nur eine kleine und vorsichtige Bewegung machst.

Die Noten für diese „Geisterschläge" haben einen etwas kleineren Notenkopf und stehen in Klammern.

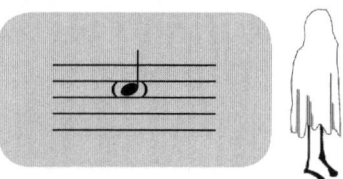

Spiele die Ghostnotes auch im 6/8-Takt:

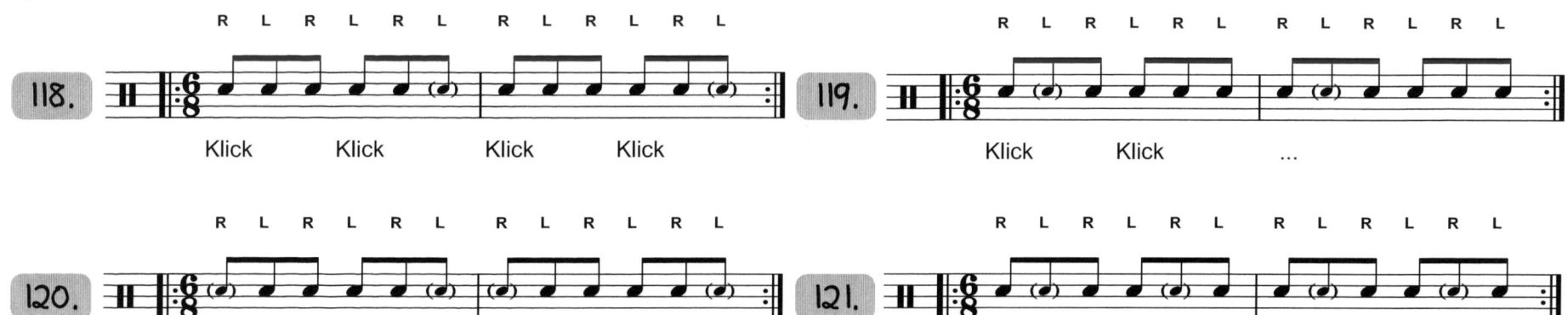

Hier einige Groove-Takte, in denen Ghostnotes gespielt werden. Zunächst im 4/4-Takt.

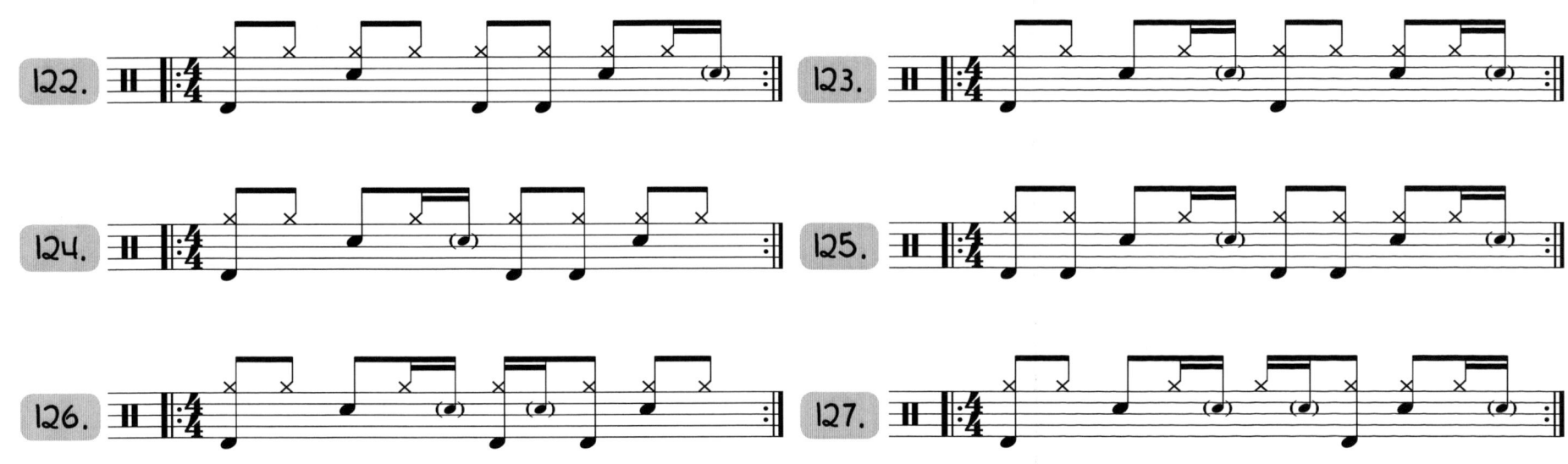

Und hier als Shuffle-Grooves im 6/8-Takt. Stelle dein Metronom auf einen Shuffle-Klick ein und beginne schön langsam.

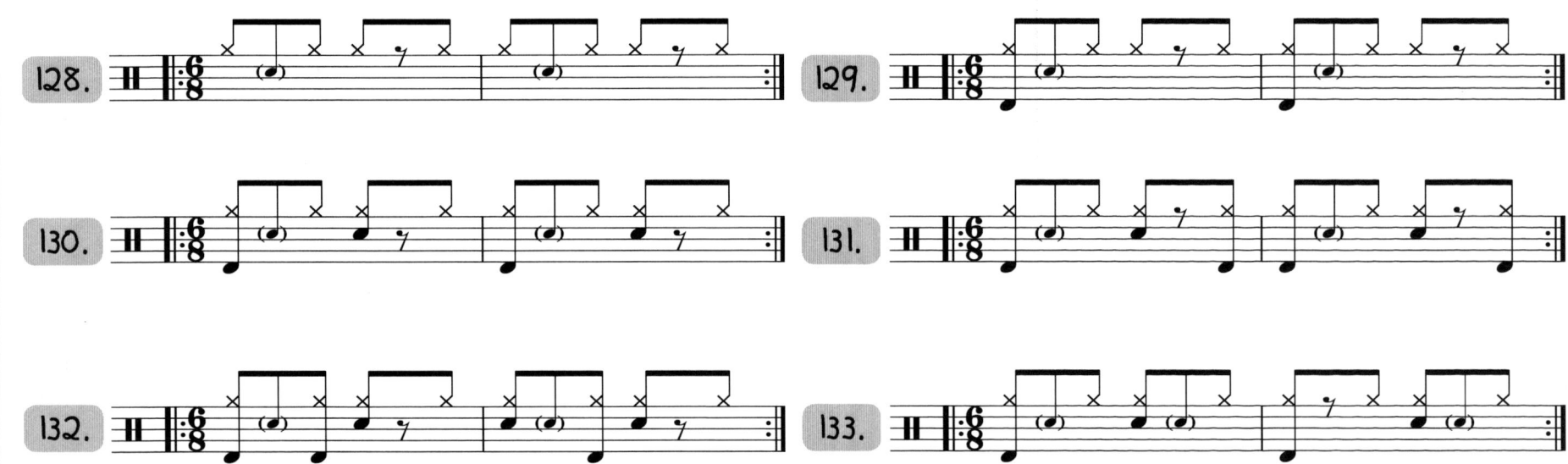

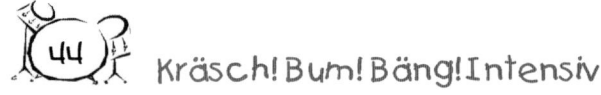

Hier deine Checkliste für die Übungen 114 bis 133:

Tempo	50 bpm		60 bpm		80 bpm		100 bpm	
Dauer	1 Min.	3 Min.	1 Min.	3 Min.	1 Min.	3 Min.	1 Min.	3 Min.
Übung 114								
Übung 115								
Übung 116								
Übung 117								
Übung 118								
Übung 119								
Übung 120								
Übung 121								
Übung 122								
Übung 123								
Übung 124								
Übung 125								
Übung 126								
Übung 127								
Übung 128								
Übung 129								
Übung 130								
Übung 131								
Übung 132								
Übung 133								

Trommelwirbel – „Buzz Roll" oder „Press Roll"

Bei dem Wort „Schlagzeug" denken viele Menschen sofort an „Trommelwirbel". Daher sollte man als Schlagzeuger auch unbedingt einen Trommelwirbel spielen können.

Eine Wirbel-Technik ist zum Beispiel der sogenannte „Buzz Roll", oder auch „Press Roll" genannt. Die Bezeichnung „Press Roll" trifft es eigentlich am besten. Dir ist ja sicher schon aufgefallen, dass der Stick von der Snare Drum sozusagen abprallt, nachdem du draufgeschlagen hast. Dieses Abprallen nennt man auch „Rebound". Diesen Rebound musst du dir beim Press Roll zunutze machen, indem du den Stick anschließend sofort wieder gegen das Fell presst. Wichtig ist dabei, dass du den Stick nicht zu fest hältst, damit er sich noch gut bewegen kann. Jedoch auch nicht zu locker, damit du ihn noch kontrollieren kannst. In dem Moment, in dem du den Press Roll spielst, sollte der Stick eigentlich nur noch von Daumen und Zeigefinger gehalten werden. Mittel-, Ring- und kleiner Finger lassen den Stick los, so wie auf dem Foto.

Versuche, dich an dem Foto zu orientieren und lass dich nicht entmutigen, falls es mit dem Press Roll nicht sofort klappt. Man muss dieses Fingerspitzengefühl erst entwickeln. Aber du wirst schon sehen: Wenn du es fleißig übst, wird es auf einmal funktionieren.

Mit den folgenden Übungen kannst du deinen Press Roll oder Buzz Roll verbessern. Über der Note, die du wirbeln sollst, befindet sich eine kleine Zickzack-Linie. Ideal wäre es, wenn du es schaffst, dass der Wirbel bis zum folgenden Schlag aushält. Die Lücke zwischen dem Wirbel und dem darauf folgenden Schlag sollte also vollständig geschlossen sein.

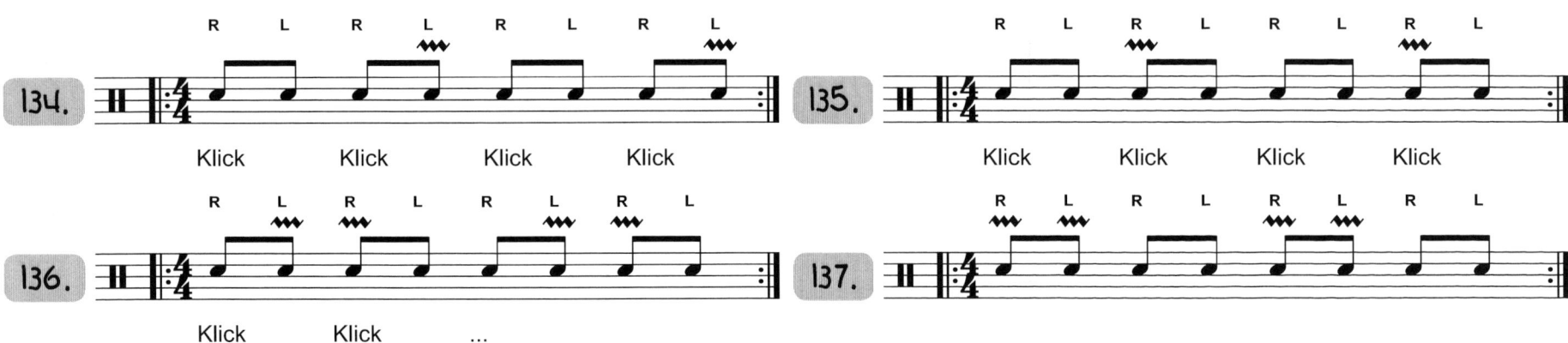

TIPP: *Versuche, die Übungen nach Möglichkeit schon etwas schneller zu spielen (z.B. Tempo 80 bpm). Denn je schneller du spielst, desto kürzer ist die Lücke, die du mit dem Wirbel füllen musst. Spiele den Press Roll auf der Snare außerdem am Rand des Felles. Dort ist es etwas einfacher als in der Mitte.*

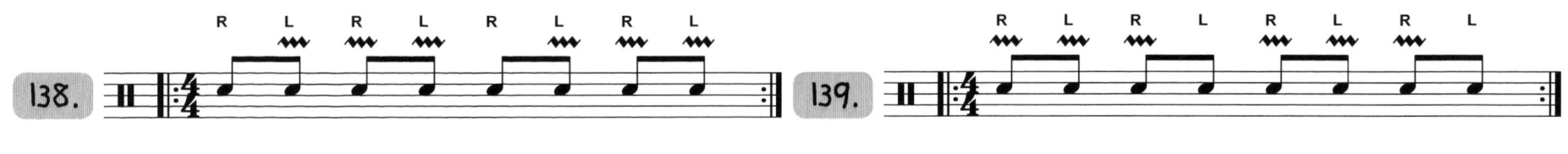

In der Übung 140 werden nun alle Schläge als Press Roll gespielt. Am Ende sollte dabei ein geschlossener Wirbel entstehen. Das heißt, dass der Wirbel vom ersten bis zum letzten Schlag keine Lücken haben sollte.

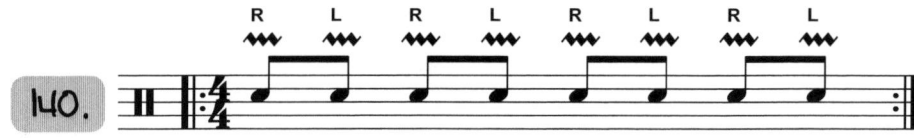

Baue in die Übungen 134 bis 140 wieder den Lesetext ein. Auf der Bass Drum und auch mit der getretenen HiHat.

Spiele jetzt den Press Roll auch in den folgenden 6/8-Übungen.

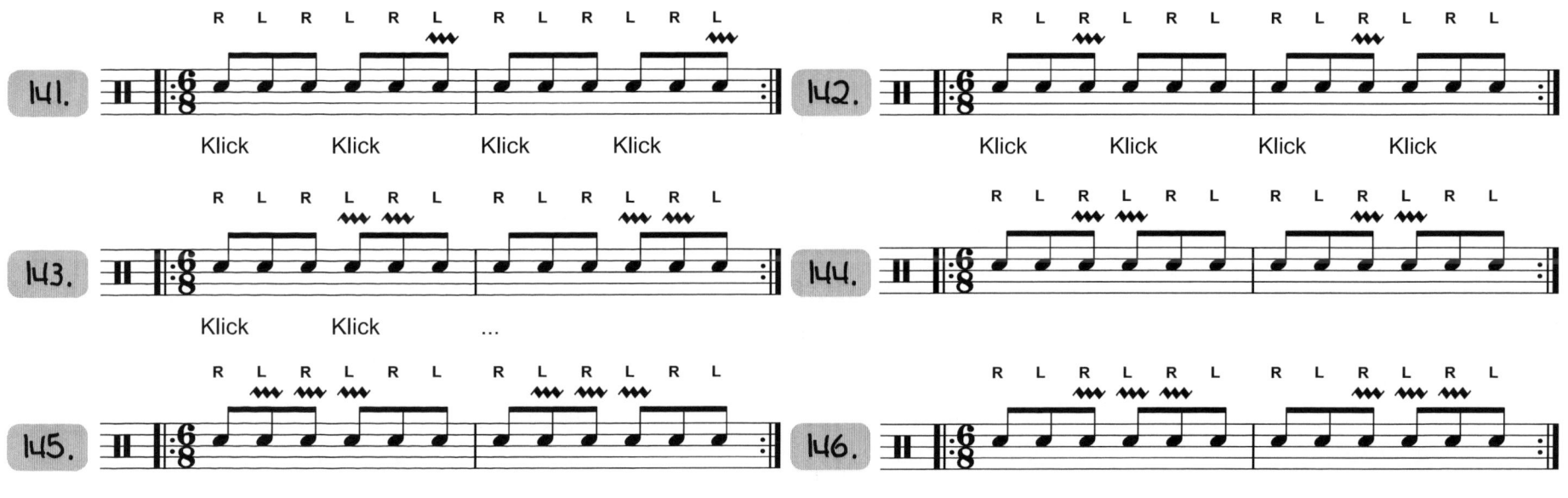

Der zweite Takt der Übung 147 soll nun wieder als geschlossener Wirbel ohne Lücken und Unterbrechungen gespielt werden.

47

Spiele in den folgenden Übungen den Press Roll innerhalb von Fill-Ins.

148. Klick Klick Klick Klick

149. Klick Klick ...

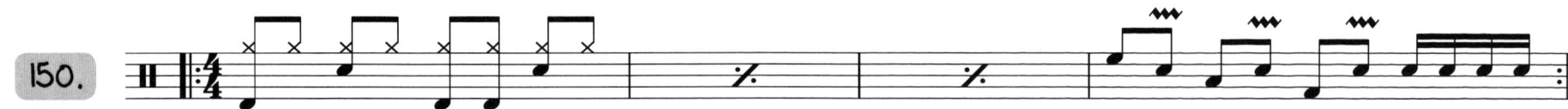

150.

Auch innerhalb eines Groove-Taktes lässt sich der Press Roll einbauen.

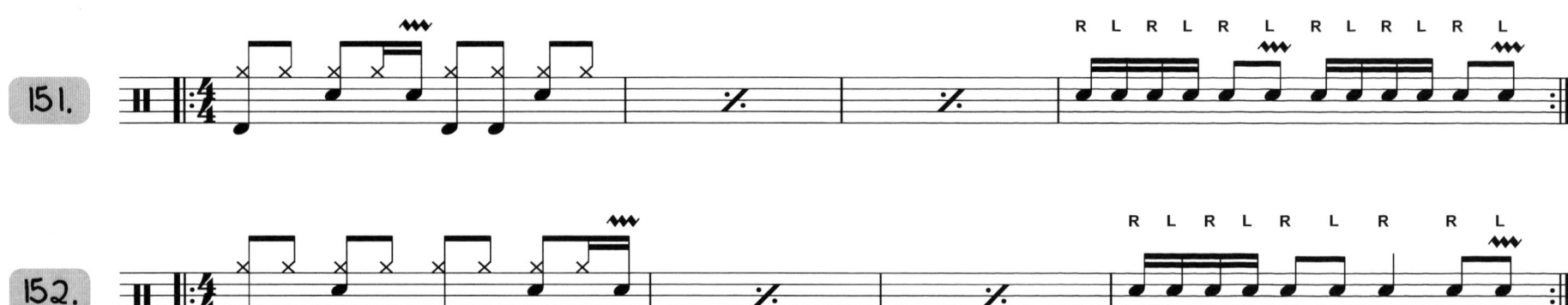

151.

152.

Kräsch! Bum! Bäng! Intensiv

Hier deine Checkliste für die Übungen 134 bis 152:

Tempo	50 bpm		60 bpm		80 bpm		100 bpm	
Dauer	1 Min.	3 Min.	1 Min.	3 Min.	1 Min.	3 Min.	1 Min.	3 Min.
Übung 134								
Übung 135								
Übung 136								
Übung 137								
Übung 138								
Übung 139								
Übung 140								
Übung 141								
Übung 142								
Übung 143								
Übung 144								
Übung 145								
Übung 146								
Übung 147								
Übung 148								
Übung 149								
Übung 150								
Übung 151								
Übung 152								

Unabhängigkeit

Höre dir auf der mp3-CD auch Claus Heßlers Hinweise zum Thema Unabhängigkeit an!

Das Thema „Unabhängigkeit" ist beim Schlagzeugspielen sehr wichtig. Es ist dir ja sicherlich auch schon einige Male aufgefallen: Du möchtest zum Beispiel eine Übung mit getretener HiHat spielen, aber dein linker Fuß bewegt sich einfach nicht so, wie er es soll. Entweder bewegt er sich gar nicht oder er bewegt sich gleichzeitig mit der linken Hand oder ähnliches. Die gleichen Schwierigkeiten kann man natürlich auch mit dem rechten Fuß oder mit den Händen haben. Damit die Füße und Hände getrennt von einander spielen und sich bewegen können, solltest du ihre Unabhängigkeit trainieren. Dafür sind die folgenden Übungen gedacht.

In der ersten Gruppe von Übungen wird dein linker Fuß (bei Linkshänder-Aufbau der rechte) eine neue Aufgabe übernehmen: Er soll die Achtelnoten auf der getretenen HiHat spielen, was bisher immer deine rechte Hand übernommen hat. Das ist zu Beginn vielleicht etwas ungewohnt und auch ein wenig anstrengend für deinen Fuß, aber mit ein bisschen Übung wirst du dich sicher schnell daran gewöhnen.

Spiele nun Achtelnoten mit der getretenen HiHat.

Auf den Zählzeiten „1" und „3" spielst du gleichzeitig mit der HiHat nun die Bass Drum.

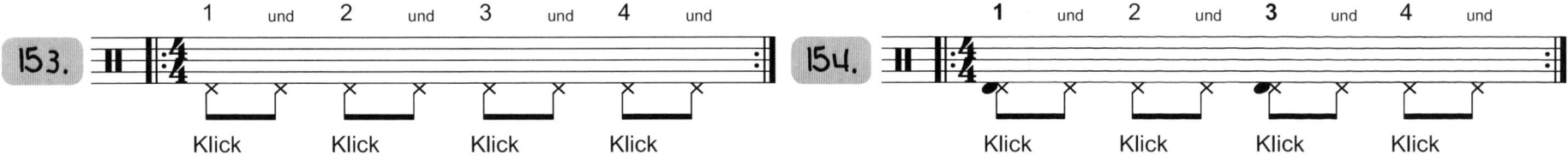

Jetzt fügst du die Snare Drum auf den Zählzeiten „2" und „4" ein.

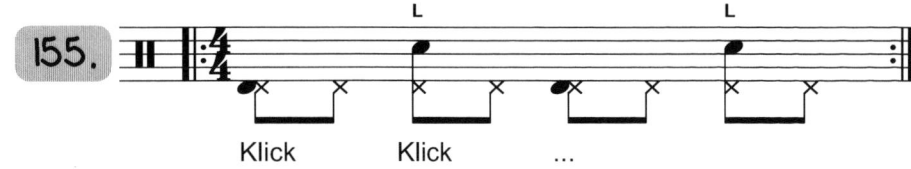

Einige Variationen auf der Bass Drum und Snare Drum.
(Übungen 156 bis 164)

TIPP: Alle Übungen kannst du dir auch auf der mp3-CD anhören, die diesem Buch beigelegt ist.

156.
157.

158.
159.

160.
161.

162.
163.

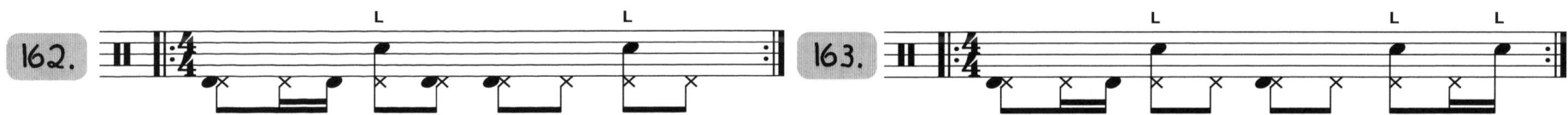

164.

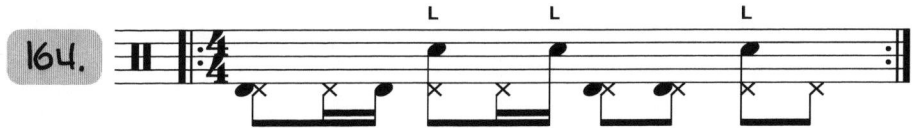

In der zweiten Gruppe von Unabhängigkeits-Übungen spielst du nun Achtelnoten auf der Snare Drum. Die getretene HiHat läuft ganz gleichmäßig auf den Zählzeiten „1" und „3" durch. Die Bass Drum hingegen wandert mit jeder Übung einen Schlag nach hinten. In der ersten Übung spielst du sie auf der Zählzeit „1" gemeinsam mit der HiHat. In der zweiten Übung auf „1 und" und so weiter.

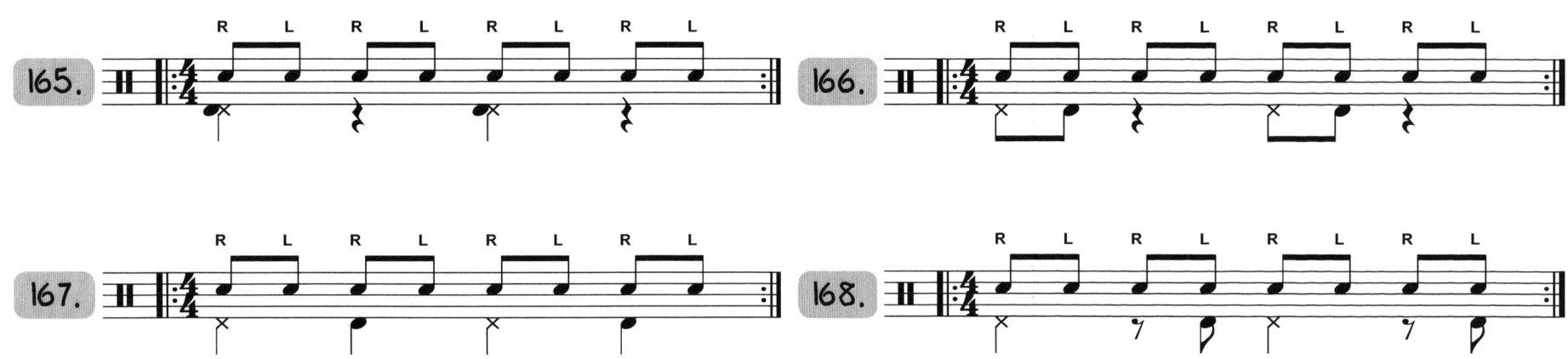

TIPP: *Spiele die vier Übungen auch ohne Unterbrechung nacheinander durch. So, als wäre es eine zusammenhängende Übung.*

Nun machst du das Gleiche mit zwei aufeinander folgenden Bass Drum-Schlägen:

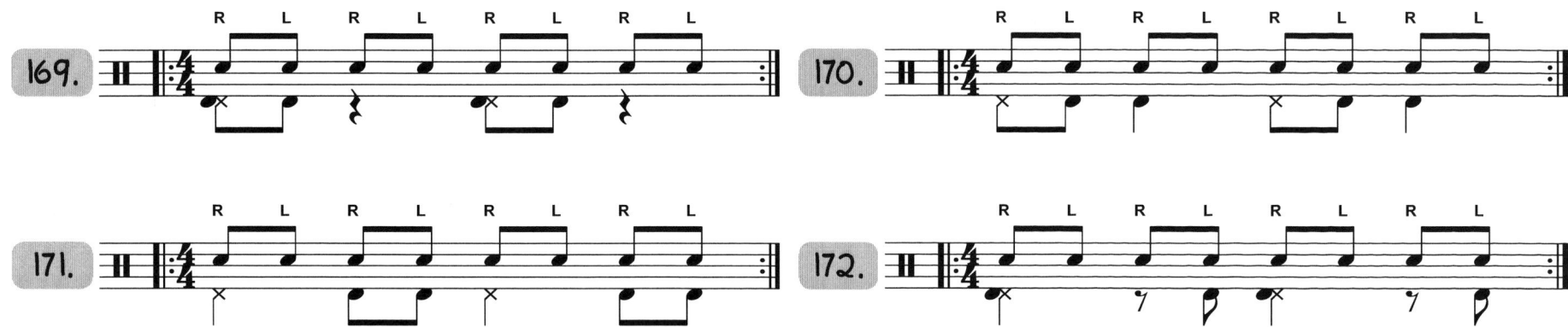

TIPP: *Spiele auch diese vier Übungen am Stück durch.*

In der dritten Gruppe von Unabhängigkeits-Übungen spielst du wieder Achtelnoten auf der Snare Drum.
Diesmal aber mit unterschiedlichen Schlagfolgen. Achte also besonders auf die Rechts-Links-Schlagfolgen, die oberhalb der
Noten stehen. Mit der getretenen HiHat spielst du auf den Zählzeiten „1" und „3".

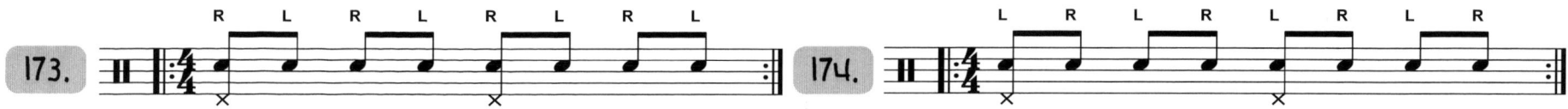

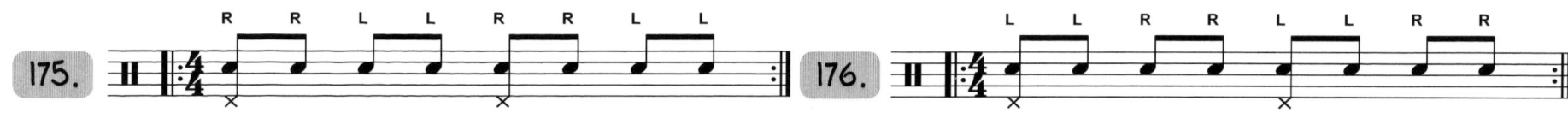

Kombiniere nun die Übungen 173 bis 177 mit folgendem Lesetext, indem du ihn auf der Bass Drum hinzufügst.

Hier deine Checkliste für die Übungen 153 bis 177:

Tempo	50 bpm		60 bpm		80 bpm		100 bpm	
Dauer	1 Min.	3 Min.	1 Min.	3 Min.	1 Min.	3 Min.	1 Min.	3 Min.
Übung 153								
Übung 154								
Übung 155								
Übung 156								
Übung 157								
Übung 158								
Übung 159								
Übung 160								
Übung 161								
Übung 162								
Übung 163								
Übung 164								
Übung 165								
Übung 166								
Übung 167								
Übung 168								
Übung 169								
Übung 170								
Übung 171								
Übung 172								
Übung 173								
Übung 174								
Übung 175								
Übung 176								
Übung 177								

Kräsch! Bum! Bäng! Intensiv

Open-Handed Playing – Offene Spielhaltung

Bei der „Open-Handed"-Technik – oder auch „Offene Spielhaltung" genannt – werden die Hände nicht überkreuzt, wie du es bisher beim Spielen von Grooves getan hast. Egal, ob du Rechts- oder Linkshänder bist.
Das heißt, deine Ausgangsposition ist nun diese:

Als Rechtshänder: HiHat mit links und Snare Drum mit rechts.

Als Linkshänder: HiHat mit rechts und Snare Drum mit links.

Wenn du diese Position einmal am Set einnimmst, wirst du sofort sehen,
wo einer der Vorteile der offenen Spielhaltung liegt: Dadurch, dass deine Hände
nun nicht mehr überkreuzt sind, hast du eine größere Bewegungsfreiheit. Außerdem kannst du so rhythmische Figuren spielen, die sich mit überkreuzten Händen nur sehr umständlich oder auch gar nicht spielen lassen (zum Beispiel HiHat und Toms gleichzeitig) und du wirst beim Spielen auch auf ganz andere Ideen kommen, wie du deine Grooves und Fill-Ins gestalten kannst.

Ein weiterer wichtiger Vorteil ist, dass du deine linke Hand mit der Open-Handed-Spieltechnik wunderbar trainieren kannst, da sie nun viel mehr zu tun hat, als bei der überkreuzten Haltung. Mit Übung und etwas Zeit wird sie genau so viel können, wie deine „Haupthand".

Auf der mp3-CD gibt dir Claus Heßler noch weitere Hinweise zum Open-Handed Playing!

Bonus-Video!
www.alfredverlag.de/
bonus/open-handed

> **TIPP: Damit du eine möglichst entspannte Spielposition einnehmen kannst, solltest du, bevor du mit den Übungen beginnst, deine HiHat tiefer stellen, so dass sie fast die gleiche Höhe hat wie deine Snare Drum.**

Und schon geht´s los. Deine ersten Übungen mit offener Spielhaltung. Als Rechtshänder spielst du nun die HiHat mit links. Falls du Linkshänder bist, spielst du sie mit rechts.

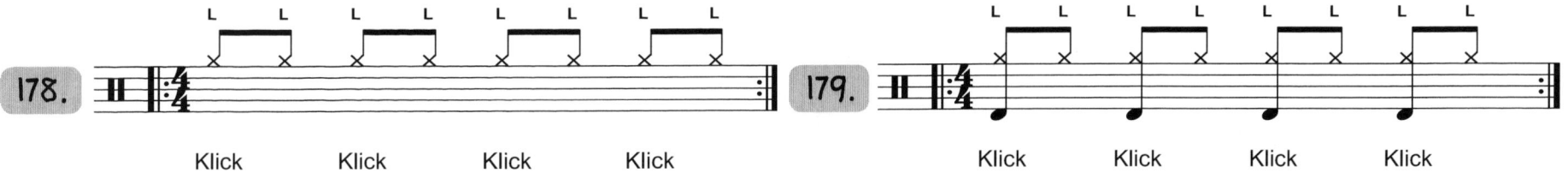

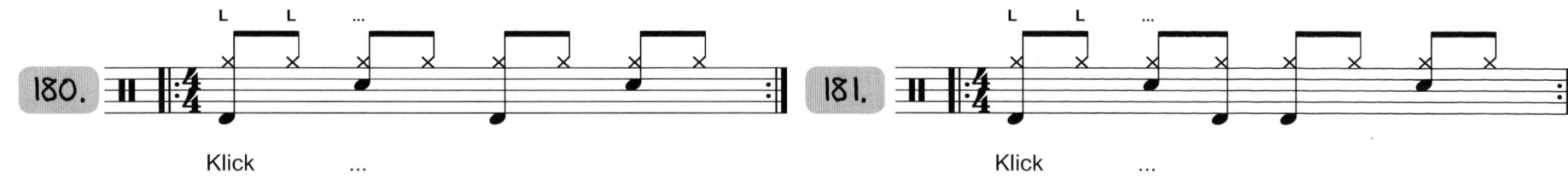

Klick ...   Klick ...

Kombinationen

Kombiniere nun den Basis-Groove auf der linken Seite nacheinander mit den Groove-Takten a, b, c und d:

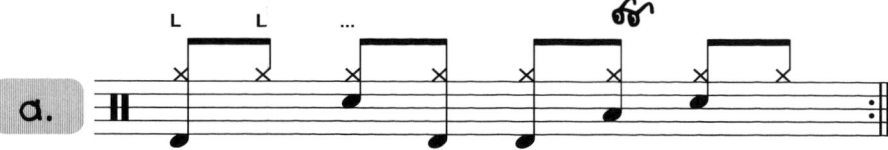

Basis-Groove:

Langsam!

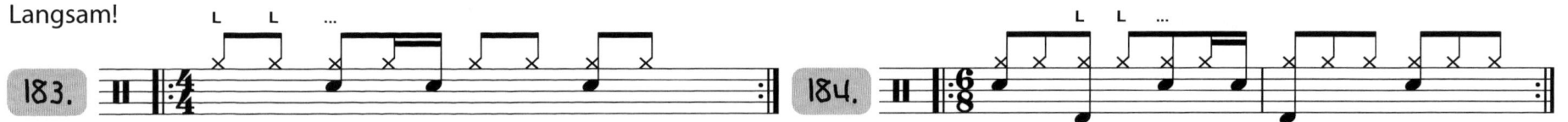

Kombinationen

Kombiniere auch hier wieder Basis-Groove und die Grooves
auf der rechten Seite.

Basis-Groove:

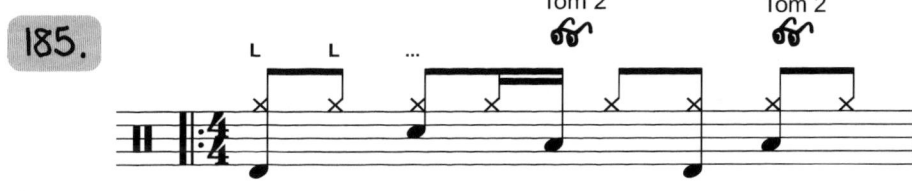

Achte auf die Toms!

Open-Handed im 6/8-Takt:

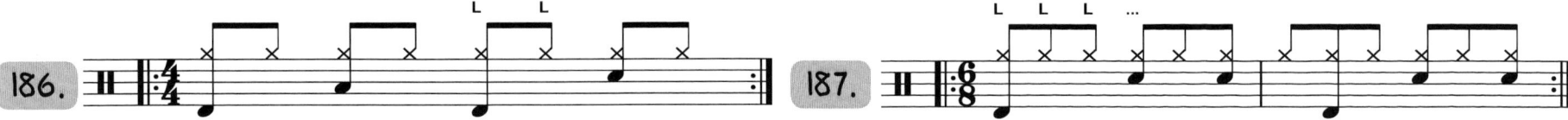

Auf der mp3-CD kannst du dir alle möglichen Kombinationen anhören!!

Kombinationen

Basis-Groove und die Grooves a bis d zum kombinieren:

Achte auf die Toms!

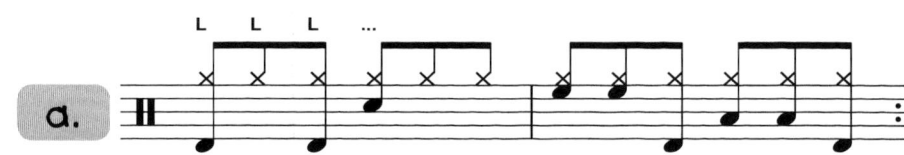

Basis-Groove:

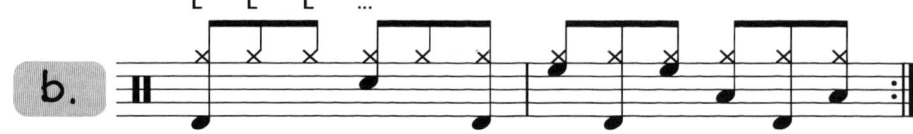

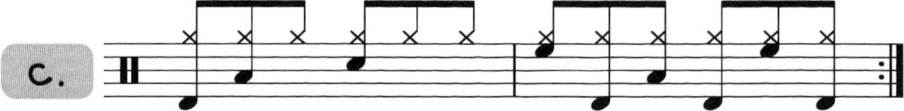

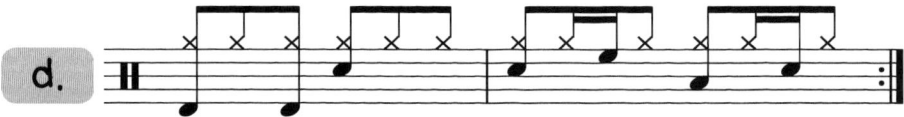

Hier deine Checkliste für die Übungen 178 bis 188:

Tempo	50 bpm		60 bpm		80 bpm		100 bpm	
Dauer	1 Min.	3 Min.	1 Min.	3 Min.	1 Min.	3 Min.	1 Min.	3 Min.
Übung 178								
Übung 179								
Übung 180								
Übung 181								
Übung 182								
Übung 183								
Übung 184								
Übung 185								
Übung 186								
Übung 187								
Übung 188								

Zu der Benutzung des Doppelpedals gibt dir Claus Heßler auf der mp3-CD noch weitere Tipps!

Doppelbass (englisch: Double Bass)

Sehr viele Schlagzeuger benutzen ein Doppelbass-Pedal. Während es früher hauptsächlich im Hard Rock- oder Heavy Metal-Bereich genutzt wurde, wird das Doppelbasspedal heutztage in sehr vielen Musikrichtungen eingesetzt.

Falls du also schon ein Doppelpedal besitzt oder überlegst, dir eines zuzulegen, kannst du dich mit den folgenden Übungen beschäftigen.

Aber auch ohne Doppelpedal kannst du schon anfangen, diese Übungen zu spielen. Setz dich einfach auf einen Stuhl und spiele die Schläge für die Snare Drum mit deinen Händen auf den Oberschenkeln.

Deine Füße bewegst du einfach genau so, als würdest du an einem Schlagzeug mit Doppelpedal sitzen. Wenn später die Noten für das Ride Becken dazu kommen, spielst du einfach ein bisschen „Luftschlagzeug".

Zu Beginn solltest du die Füße so auf das Pedal stellen, dass die Ferse unten bleibt. Auf diese Weise hast du mehr Kontrolle über deine Bewegungen und kannst zunächst genauer spielen. Wenn du später etwas lauter und schneller spielen möchtest, kannst du die Ferse auch vom Pedal abheben. Dadurch bringst du mehr Kraft auf das Pedal.

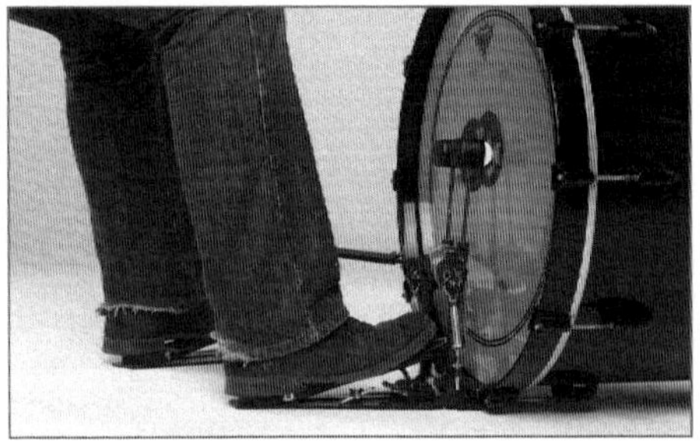

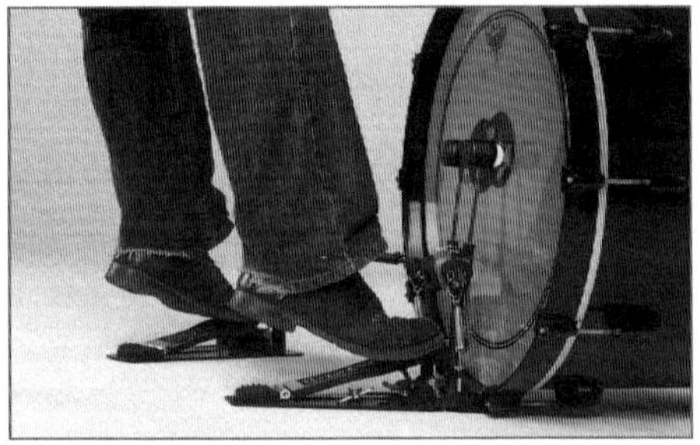

Die Noten für den linken Fuß stehen etwas unterhalb der Bass Drum-Note, unter einer kleinen Hilfslinie:

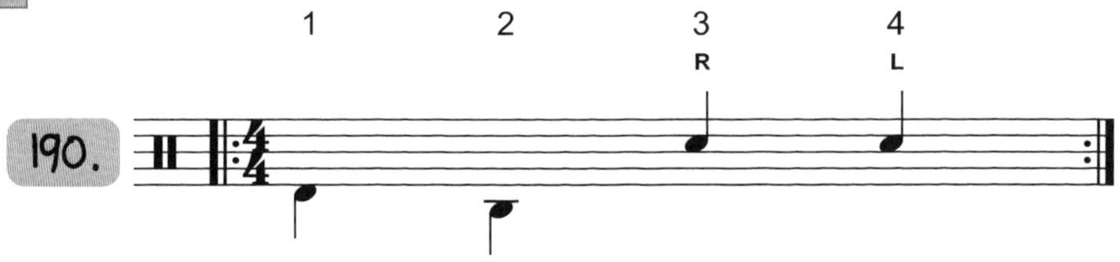

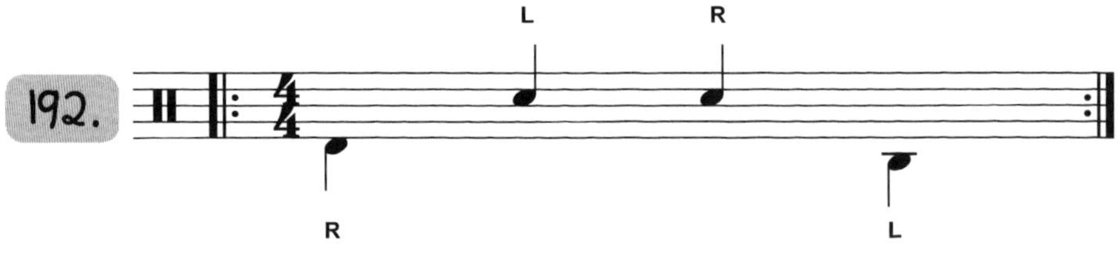

rechter Fuß   linker Fuß

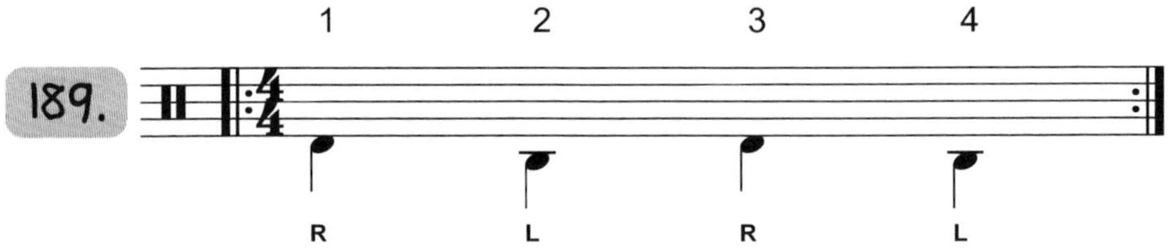

189.

190.

191.

192.

Spiele nun Achtelnoten auf der Bass Drum. Denke daran, nicht zu schnell zu beginnen! Spiele die Übungen zunächst schön langsam und steigere das Tempo nach und nach!

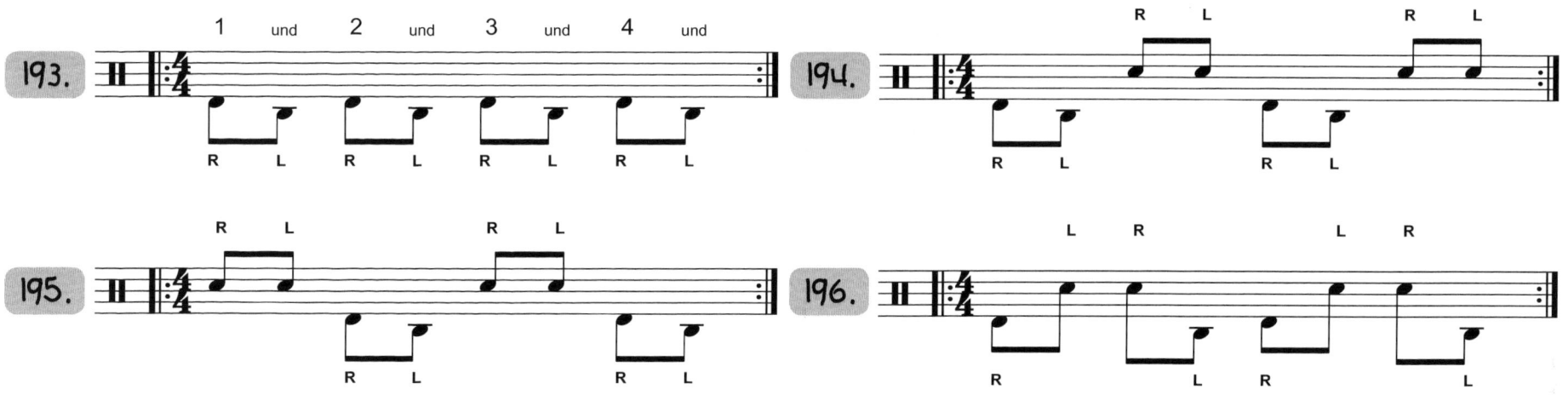

Beginne ganz besonders die Übungen mit den Sechzehntelnoten schön langsam und lass dir Zeit dafür. Du kannst auch zwischendurch mit anderen Übungen weitermachen und dann wieder zu diesen Sechzehntel-Übungen zurückkehren.

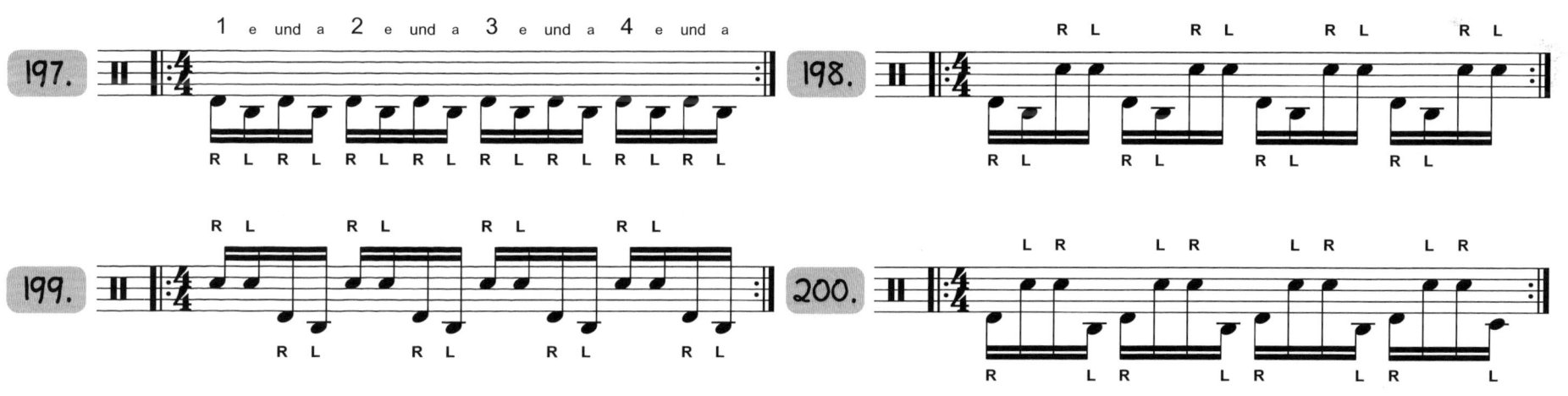

Hier spielst du nun deine ersten Grooves mit Doppelbass-Figuren. In den ersten beiden Übungen beginnst du zunächst mit Viertelnoten. Anschließend folgen Achtel- und Sechzehntelnoten auf der Bass Drum. Mit der rechten Hand spielst du das Ride Becken.

Denke immer wieder daran, schön langsam zu beginnen und das Tempo erst nach und nach zu steigern!
Übe höchstens zwei Übungen am Tag und höchstens eine Seite pro Woche!

Dein erster kompletter Groove mit
Sechzehntelnoten auf der Bass Drum:

Kräsch! Bum! Bäng! Intensiv

Leseübung

Kombiniere hier die Ride Becken- und Snare-Übungen a und b mit den Bass Drum-Übungen 210 bis 213.
Falls du mal nicht mehr weißt, wie die Bass Drum-Figuren rhythmisch gespielt werden, schaue im Abschnitt „Dreierfiguren" nach.
Dort hast du sie zwar auf der Snare Drum gespielt, sie funktionieren rhythmisch aber auf der Bass Drum genauso.

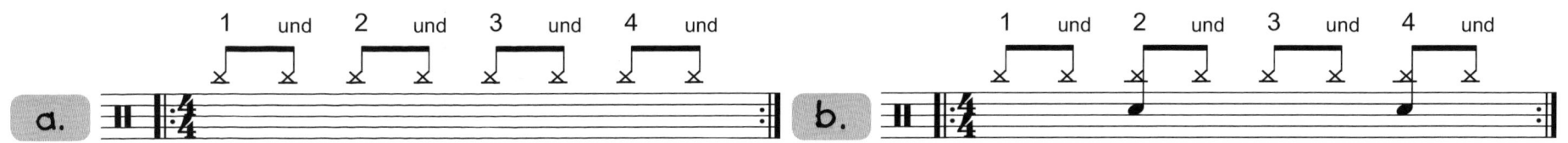

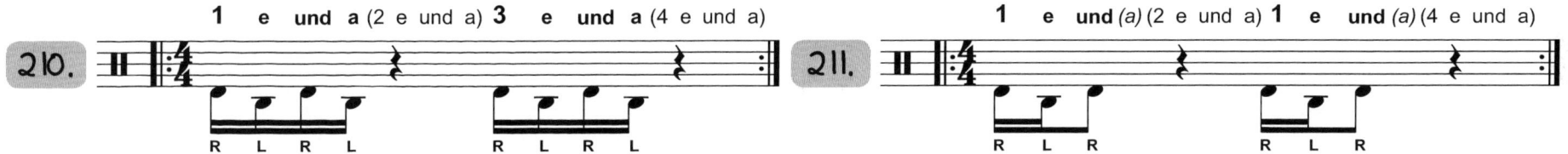

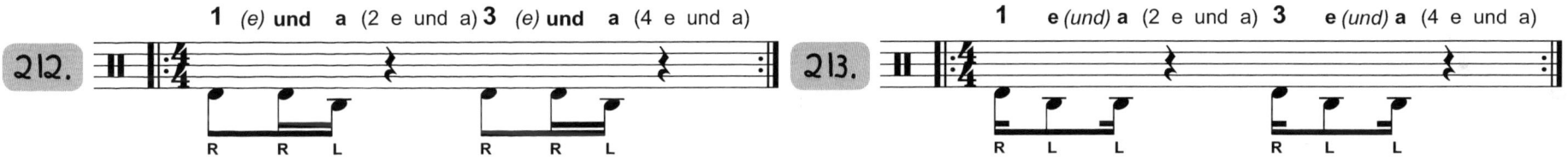

Beispiel: Die härteste Nuss, die du auf dieser Seite knacken musst, sind die Kombinationen a mit 213 und b mit 213.
Daher habe ich sie dir hier, auch als Beispiel für die anderen Kombinationen, vorgegeben.

Auf der mp3-CD kannst du dir alle möglichen Kombinationen anhören!!

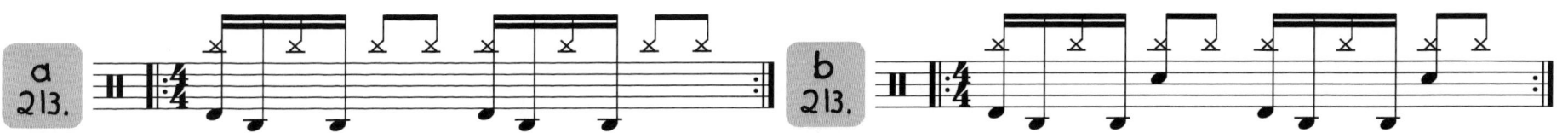

Doppelbass

Hier deine Checkliste für die Übungen 189 bis 213:

Tempo	50 bpm		60 bpm		80 bpm		100 bpm	
Dauer	1 Min.	3 Min.	1 Min.	3 Min.	1 Min.	3 Min.	1 Min.	3 Min.
Übung 189								
Übung 190								
Übung 191								
Übung 192								
Übung 193								
Übung 194								
Übung 195								
Übung 196								
Übung 197								
Übung 198								
Übung 199								
Übung 200								
Übung 201								
Übung 202								
Übung 203								
Übung 204								
Übung 205								
Übung 206								
Übung 207								
Übung 208								
Übung 209								
Übung 210								
Übung 211								
Übung 212								
Übung 213								

Das Üben mit den Play-alongs

Die verschiedenen Teile eines Songs

Der Aufbau der meisten Pop- oder Rocksongs besteht aus mehreren verschiedenen Formteilen. Wenn du also einen Song am Schlagzeug begleiten willst, solltest du ihn gut kennen und wissen, wann und in welcher Reihenfolge diese Formteile gespielt werden.

Normalerweise setzt sich ein Song aus folgenden Formteilen zusammen:

Das Intro

... oder auch „Einleitung" genannt. Dabei handelt es sich meistens um ein instrumentales Vorspiel ohne Gesang, mit dem der Song beginnt.

Die Strophe

... wird auch als „Vers" oder „A-Teil" bezeichnet. In den Strophen wird der Text des Liedes vorgetragen. Meistens handelt es sich dabei um mehrere verschiedene Strophen.

Der Refrain

... oder auch „Chorus" oder „B-Teil". Der Refrain wird innerhalb eines Songs mehrmals wiederholt und bleibt dabei normalerweise musikalisch und textlich gleich. Der Refrain ist häufig der Formteil, an dem man den Song am besten wieder erkennt.

Die Bridge

... wird manchmal auch „Überleitung" genannt. Sie dient meistens dazu, zwei Formteile musikalisch miteinander zu verbinden. Beispielsweise die Strophe und den Refrain.

Der Zwischenteil

... oder „C-Teil" Im Zwischenteil passiert musikalisch etwas ganz Neues. Etwas, das innerhalb des Songs für Abwechslung sorgt.

Das Solo

Der Teil des Songs, in dem auf einem oder mehreren der Instrumente ein Solo gespielt wird (z.B. Gitarrensolo oder Keyboardsolo ...).

Der Schluss

... wird auch manchmal mit dem Wort „Coda" bezeichnet. Mit dem Schluss wird der Song beendet.

Tipps für das Üben mit den Play-alongs

Die Play-alongs auf der beiliegenden CD sind Musikstücke, in denen das Schlagzeug ausgeblendet ist. Stattdessen ist lediglich ein Klick zu hören, der dir als Orientierung für das Tempo dienen soll. Play-alongs sind sozusagen die Zwischenstufe zwischen dem Üben allein und dem Proben mit einer Band. Sie geben dir die Möglichkeit, wie in einer Band zur Musik zu üben.

Zum Üben mit den Play-alongs benötigst du entweder eine Anlage, die allerdings recht laut eingestellt werden muss, damit du die Musik beim Spielen noch hören kannst oder ein tragbares Wiedergabegerät, an das du einen Kopfhörer anschließen kannst (CD- oder mp3-Player).

Wichtig: Achte beim Üben mit Kopfhörer unbedingt darauf, die Lautstärke der Musik in Grenzen zu halten. Zu langes und lautes Hören mit dem Kopfhörer kann das Gehör schädigen. Spiele also lieber etwas leiser, anstatt das Gerät auf volle Lautstärke zu drehen.

- Höre dir zunächst das Play-along an, ohne dazu zu spielen und ohne die Noten mitzulesen. Ist der Song z.B. schnell und rockig, oder langsam und melodiös? Gewöhne dich an die Melodie und das Tempo. Summe die Melodie und klatsche im Tempo des Viertelpulses des Songs mit.

- Beschäftige dich dann zunächst mit den Vorbereitungsübungen für das jeweilige Play-along.

- Wähle zunächst nur einen Groove-Takt, der im Song enthalten ist und spiele ihn immer in einer Schleife. Du spielst also immer nur diesen einen Takt, wieder und wieder. Das hilft dir, dich an den Song, das Tempo und den Groove zu gewöhnen. Versuche auch, diesen einen Takt irgendwann nicht mehr abzulesen, sondern ihn auswendig zu spielen.

- Falls dir beim Spielen eigene Ideen für Grooves oder Fill-ins kommen sollten, versuche, sie bereits umzusetzen.

- Lasse dich nicht verunsichern, falls du aus dem Tempo kommst, du also nicht mehr zusammen mit dem Klick spielen solltest. Das kann zu Beginn leicht passieren und ist völlig normal. Höre in diesem Fall kurz auf zu spielen, versuche das Tempo des Play-alongs erneut aufzunehmen und fahre dann fort.

- Nachdem du eine Weile mit dem Play-along experimentiert hast, kannst du dich den Noten zuwenden. Versuche nicht gleich, sie zum Song zu spielen, sondern höre dir die Musik an und lies die Noten zunächst nur mit. Du kannst auch mitlesen und währenddessen zur Musik „Luftschlagzeug" spielen. Das ist eine gute Möglichkeit, dich an die Bewegungsabläufe zu gewöhnen.

- Der nächste Schritt ist dann, die Noten auch tatsächlich zur Musik zu spielen. Orientiere dich dabei zunächst an der vorgegebenen Notation, versuche aber nach und nach auch immer wieder deine eigenen Ideen einzubauen.

Übersicht über die Notationszeichen

Zeichen	Bedeutung
	Die Notenlinien. Auf ihnen und in ihren Zwischenräumen werden die Noten geschrieben.
	Der Perkussionsschlüssel. Er ist der Notenschlüssel für Schlaginstrumente und steht immer ganz am Anfang einer Übung oder eines Songs.
	Das Taktmaß. Es gibt an, welche Taktart gespielt wird. Hier ein Viervierteltakt. Die untere Zahl gibt an, welcher Notenwert gezählt wird, die obere, wie oft dieser pro Takt gezählt wird.
	Der Taktstrich. Er trennt zwei Takte voneinander. Mit ihm endet der vorherige Takt und es beginnt ein neuer Takt.
	Das Wiederholungszeichen (Anfang der Wiederholung). Alles was zwischen den Wiederholungszeichen notiert ist, muss einmal wiederholt, also nochmal gespielt werden.
	Ende der Wiederholung.

Zeichen	Bedeutung
Strophe	Die Bezeichnung des Formteils, der gespielt werden soll, steht oberhalb der Notenlinien. Hier als Beispiel die Strophe.
	Der Doppelstrich. Er kennzeichnet das Ende eines Formteils, wie z.B. Strophe oder Refrain.
	Der Schlussstrich. Er steht immer ganz am Ende einer Übung oder eines Play-alongs.
$\quad = 90$	Die Tempoangabe sagt aus, in welchem Tempo der Song gespielt wird. Hier z.B. 90 Viertelschläge pro Minute (engl.: „Beats per Minute" oder auch „bpm" abgekürzt.
	Diese kleine Brille mit den Augen steht immer an wichtigen Stellen, die man auf keinen Fall übersehen sollte, wie z.B. Wiederholungszeichen.
	Der zweitaktige Faulenzer besagt, dass die beiden vorangegangenen Takte einmal wiederholt werden.

Play-along 1: Learning to Listen

Übungen zur Vorbereitung
Tempo: 90 bpm

TIPP: *Alle Übungen kannst du dir auch auf der mp3-CD anhören, die diesem Buch beigelegt ist.*

Zwei Grooves und Fill-Ins aus dem Refrain:

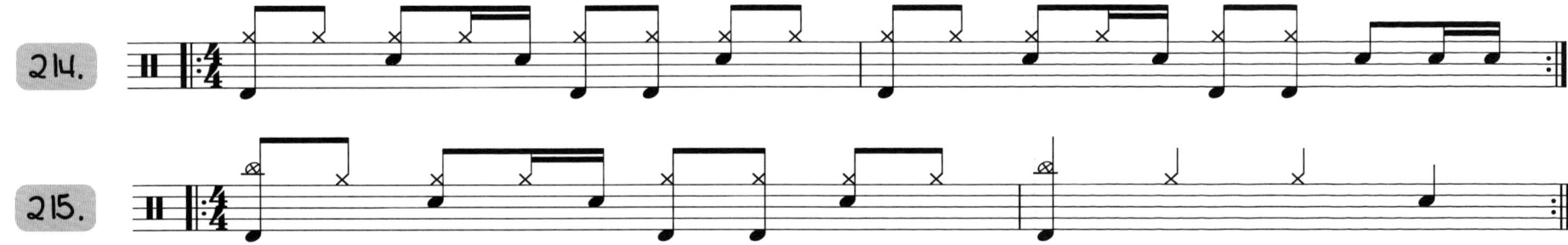

Der Übergang aus der 2. Strophe in das Gitarrensolo:

Zwei Grooves und Fill-Ins aus dem Gitarrensolo:

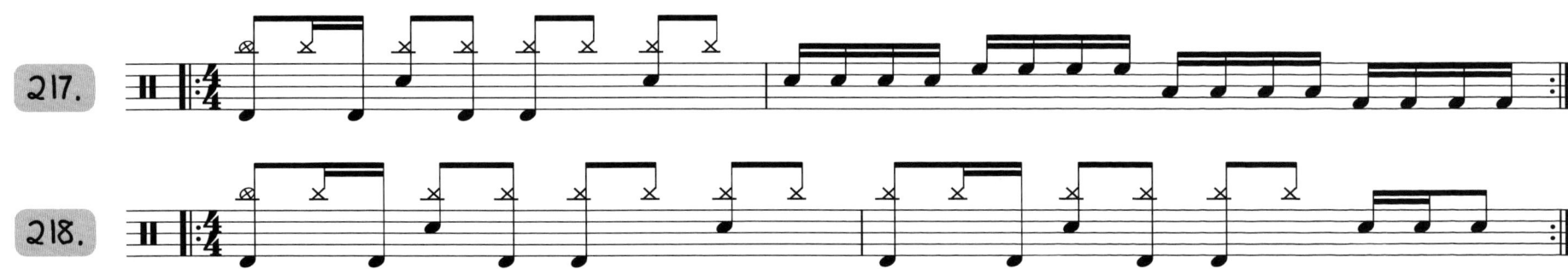

Formskizze: „Learning to Listen"

Tempo: 90 bpm

Formteil	Groove	Taktzahl
Intro		4
1. Strophe		8
1. Refrain		8
2. Strophe		8
Gitarrensolo		8
2. Refrain		8

Learning to Listen

Musik: Carsten Heusmann

Kräsch! Bum! Bäng! Intensiv

Spiele diese zweiten Version von „Learning to Listen" nun Open-Handed. Die HiHat spielst du also mit der linken Hand, die Snare Drum mit der rechten. Um es dir etwas leichter zu machen, ist diese Version eine reine Achtelnoten-Version. Es gibt also keine Sechzehntelnoten. Wenn du dann später etwas geübter im Open-Handed Playing bist, kannst du auch die erste Version des Songs in der offenen Haltung spielen.

Learning to Listen

Version 2   Musik: Carsten Heusmann

Kräsch! Bum! Bäng! Intensiv

Playalong 2: Adrenalin

Übungen zur Vorbereitung
Tempo: 84 bpm

Zwei Takte aus dem Intro von „Adrenalin":

219.

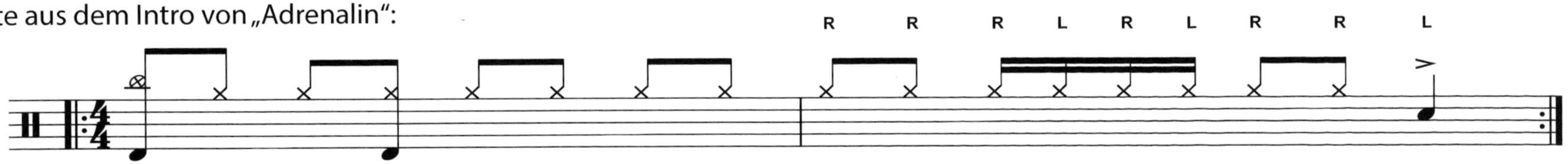

Der Groove aus der Strophe:

220.

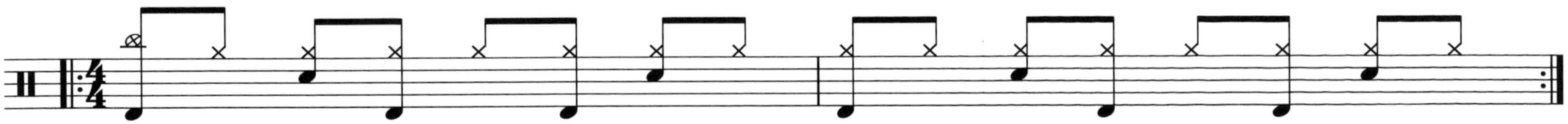

Hier mit einem Fill-In im zweiten Takt:

221.

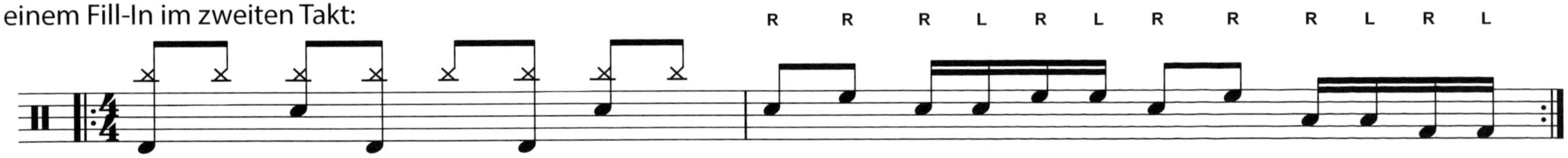

Der Groove aus dem Refrain von „Adrenalin":

222.

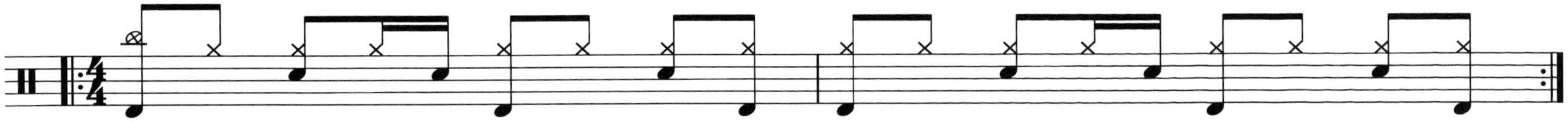

Dies ist der Schluss des Songs. Achtung! Ein Crash-Becken auf der Zählzeit „2 **und**"

223.

1   (+   2   +   3   +   4   +)

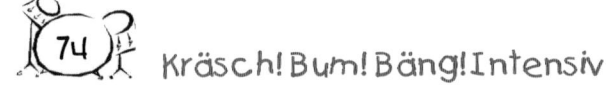

Mit den folgenden Übungen kannst du dich auf die zweite Version von „Adrenalin" vorbereiten.
Hier ist das Intro etwas anders. Es werden im ersten Takt auf der HiHat Dreiergruppen gespielt.

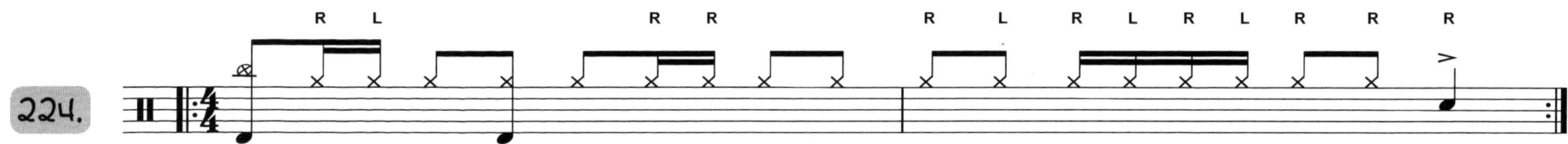

Groove der Strophe mit einigen Ghostnotes:

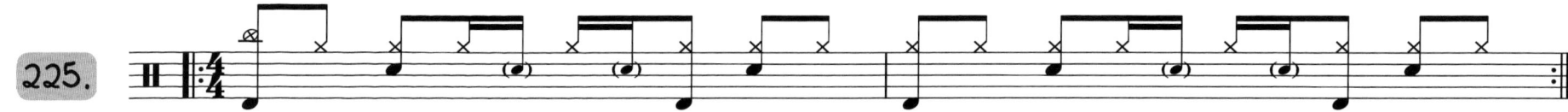

Ein Fill-In mit Press Rolls:

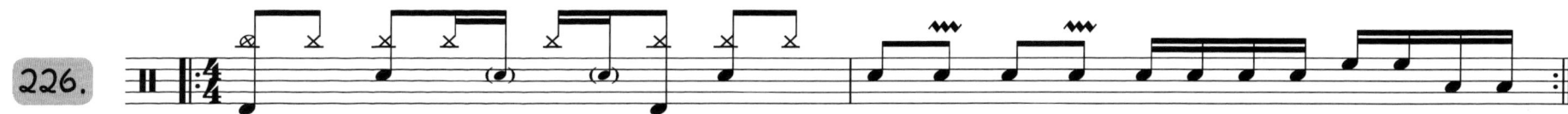

Der Groove aus dem Refrain. Am Ende ein weiterer Fill-In mit einem Press-Roll:

Zwei Groove-Takte aus dem Schlussteil:

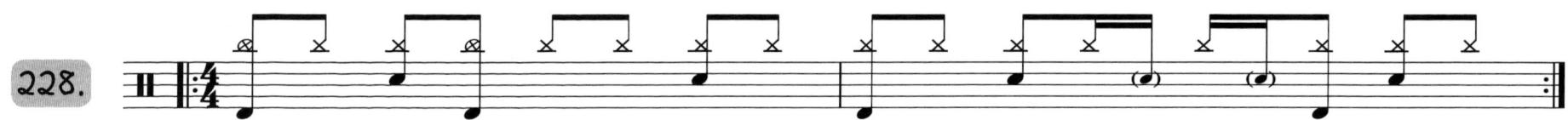

Formskizze: „Adrenalin"

Tempo: 84 bpm

Formteil	Groove	Taktzahl
Intro		4
1. Strophe		16
1. Bridge		4
1. Refrain		8
Intro		4
2. Strophe		8
2. Bridge		4
2. Refrain		8
Gitarrensolo		8
Schluss		4

Kräsch! Bum! Bäng! Intensiv

Hier haben wir eine Seite frei gelassen,
um lästiges Umblättern zu vermeiden.

Adrenalin

Musik: Matthias Strass

Kräsch! Bum! Bäng! Intensiv

In dieser zweiten Version von „Adrenalin" kommen nun auch Ghostnotes und Press Rolls vor.

Adrenalin

Version 2 Musik: Matthias Strass

„Adrenalin"
Drumtrack Version 2

♩ = 84 Intro

Strophe

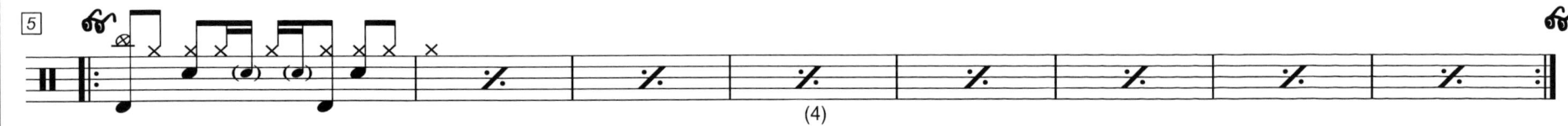

Bridge

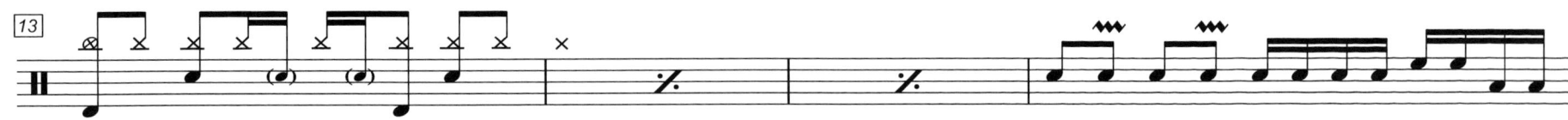

Refrain

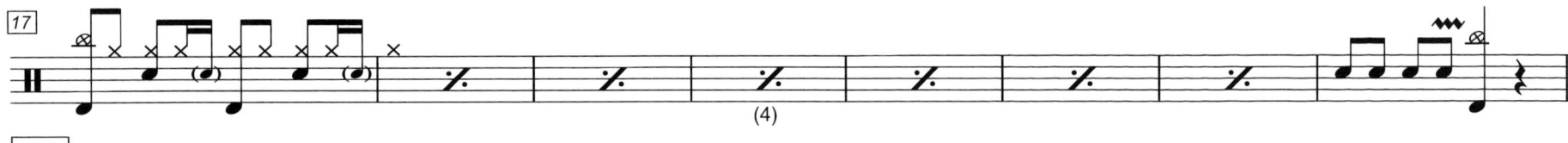

Intro

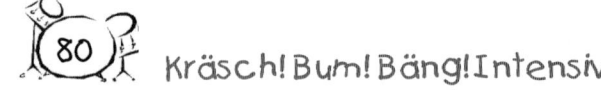

Kräsch! Bum! Bäng! Intensiv

Play-along 2: „Adrenalin"

Play-along 3: Formel 3

Übungen zur Vorbereitung
Tempo: 74 bpm

Zunächst ein 6/8 Groove, wie er im Intro von „Formel 3" vorkommt:

229.
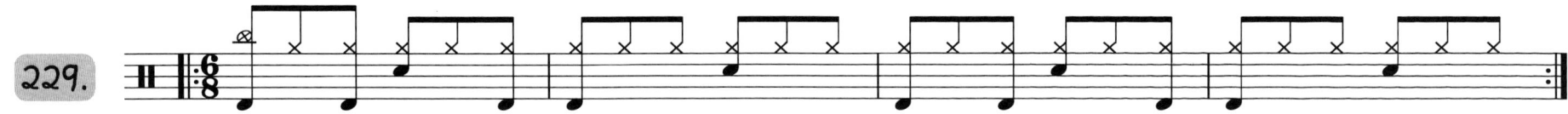

Diese zwei Takte mit den Fill-Ins spielst du ebenfalls im Intro:

230.

Weitere 6/8 Grooves, die du im Song mit Fill-Ins spielst:

231.

Diesen Fill-In in spielst du im Refrain:

232.
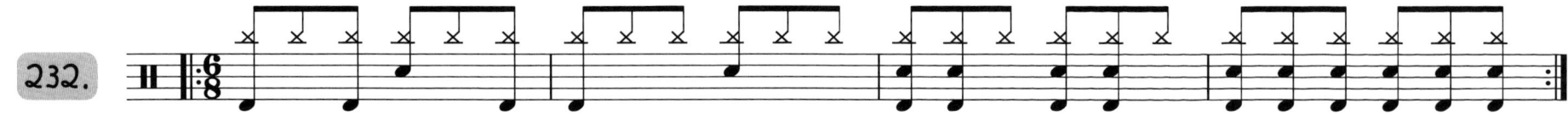

Dies ist der Schluss des Songs:

233.

234.

235.

Spiele die Übungen nun auch mit einem Shuffle-Groove, wie er in der zweiten Version von „Formel 3" gespielt wird.

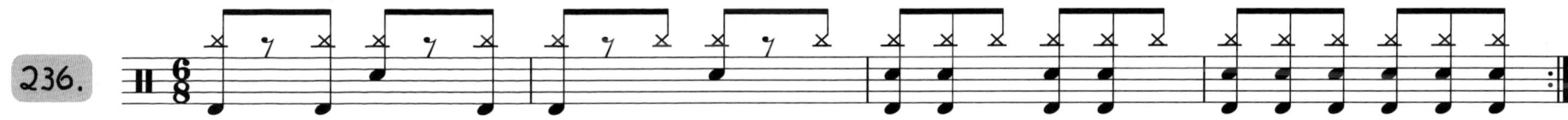

236.

237.

Formskizze: „Formel 3"

Tempo: 74 bpm

Formteil	Groove	Taktzahl
Intro		8
1. Strophe		32
1. Bridge		8
1. Refrain		16
Schlagzeugsolo 1		8
2. Strophe		16
2. Bridge		8
Gitarrensolo		16
Schlagzeugsolo 2		8
Schluss		7

Kräsch! Bum! Bäng! Intensiv

Hier haben wir eine Seite frei gelassen,
um lästiges Umblättern zu vermeiden.

Formel 3

Musik: Matthias Strass

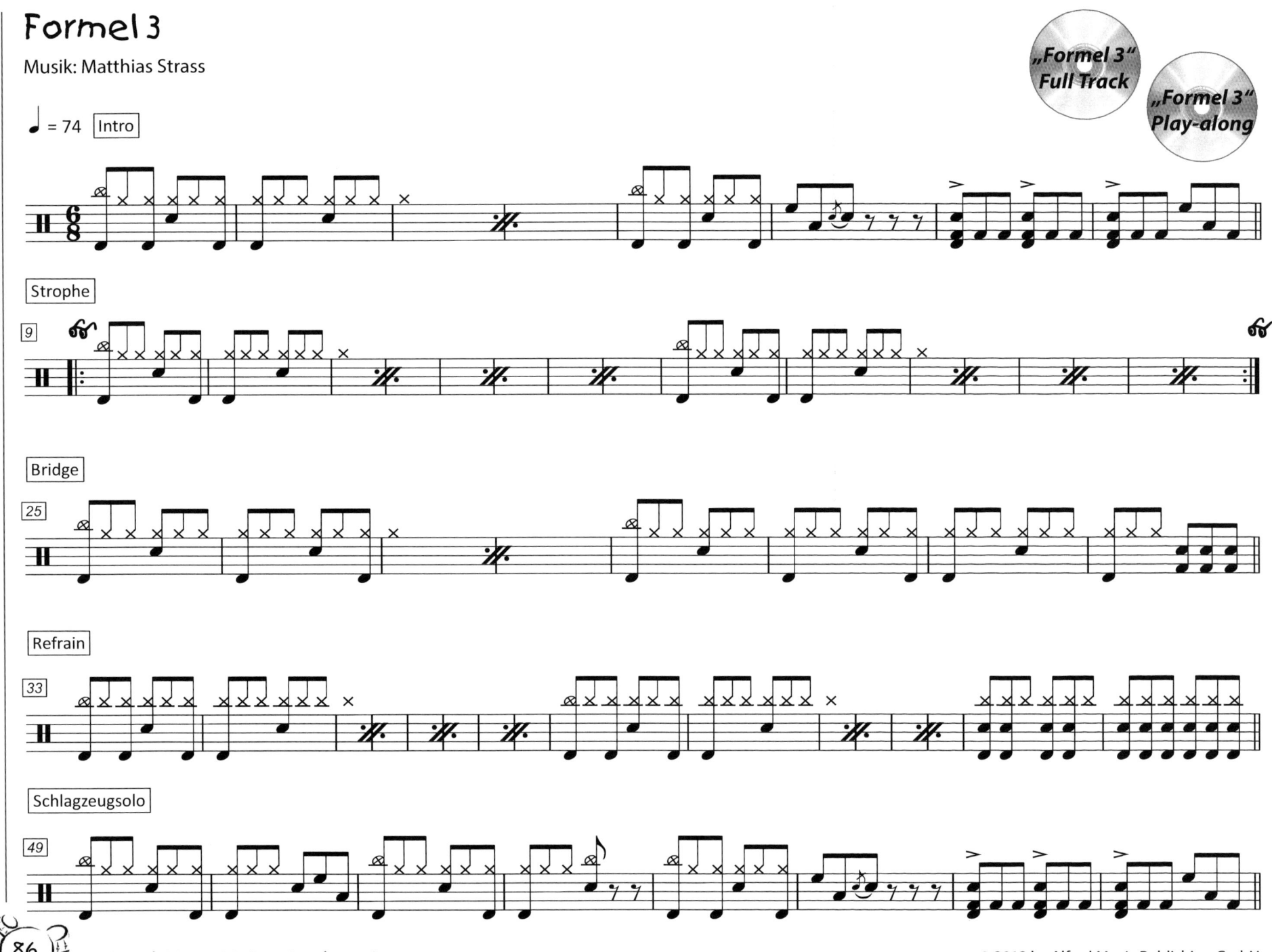

Kräsch! Bum! Bäng! Intensiv

Strophe

Bridge

Gitarrensolo

Schlagzeugsolo

Schluss

Spiele in dieser zweiten Version von „Formel 3" nun Shuffle-Grooves.

Formel 3

Version 2   Musik: Matthias Strass

♩ = 74 Intro

Strophe

Bridge

Refrain

Schlagzeugsolo

Kräsch! Bum! Bäng! Intensiv

Strophe

Bridge

Gitarrensolo

Schlagzeugsolo

Schluss

Play-along 3: „Formel 3"

89

Noten- und Pausenpyramide

Kräsch! Bum! Bäng! Intensiv

Spielpause I - Auflösung

Auflösung von Seite 22

M	U	S	I	K	S	T	D	D	H	H	E	C	V	B
Q	N	W	R	T	T	O	Z	J	I	O	Ö	L	P	E
S	T	I	C	K	Y	M	X	C	H	C	B	B	W	C
Q	E	S	R	R	G	N	N	M	A	K	L	I	C	K
P	R	F	Ä	N	O	T	E	O	T	E	A	P	A	E
L	R	H	Y	T	H	M	U	S	Q	R	B	P	A	N
Ä	I	U	Ü	R	E	T	Ä	N	B	R	C	Ü	J	A
U	C	U	Ü	O	E	Z	Ä	A	B	T	K	B	J	W
I	H	F	H	M	F	U	Q	R	J	S	L	E	L	W
I	T	G	S	M	F	U	M	E	T	R	O	N	O	M
T	B	H	V	E	Z	I	X	L	Ö	Z	Z	E	E	Z
G	V	J	H	L	T	R	U	D	I	M	E	N	T	S
K	R	Ä	S	C	H	B	U	M	B	Ä	N	G	X	Y

Diese Wörter sind versteckt:

1. MUSIK
2. UNTERRICHT
3. STICK
4. RHYTHMUS
5. SNARE
6. METRONOM
7. ÜBEN
8. BECKEN
9. TROMMEL
10. KLICK
11. HIHAT
12. RUDIMENTS
13. TOM
14. HOCKER
15. NOTE

Spielpause 2 - Auflösung

Auflösung von Seite 39

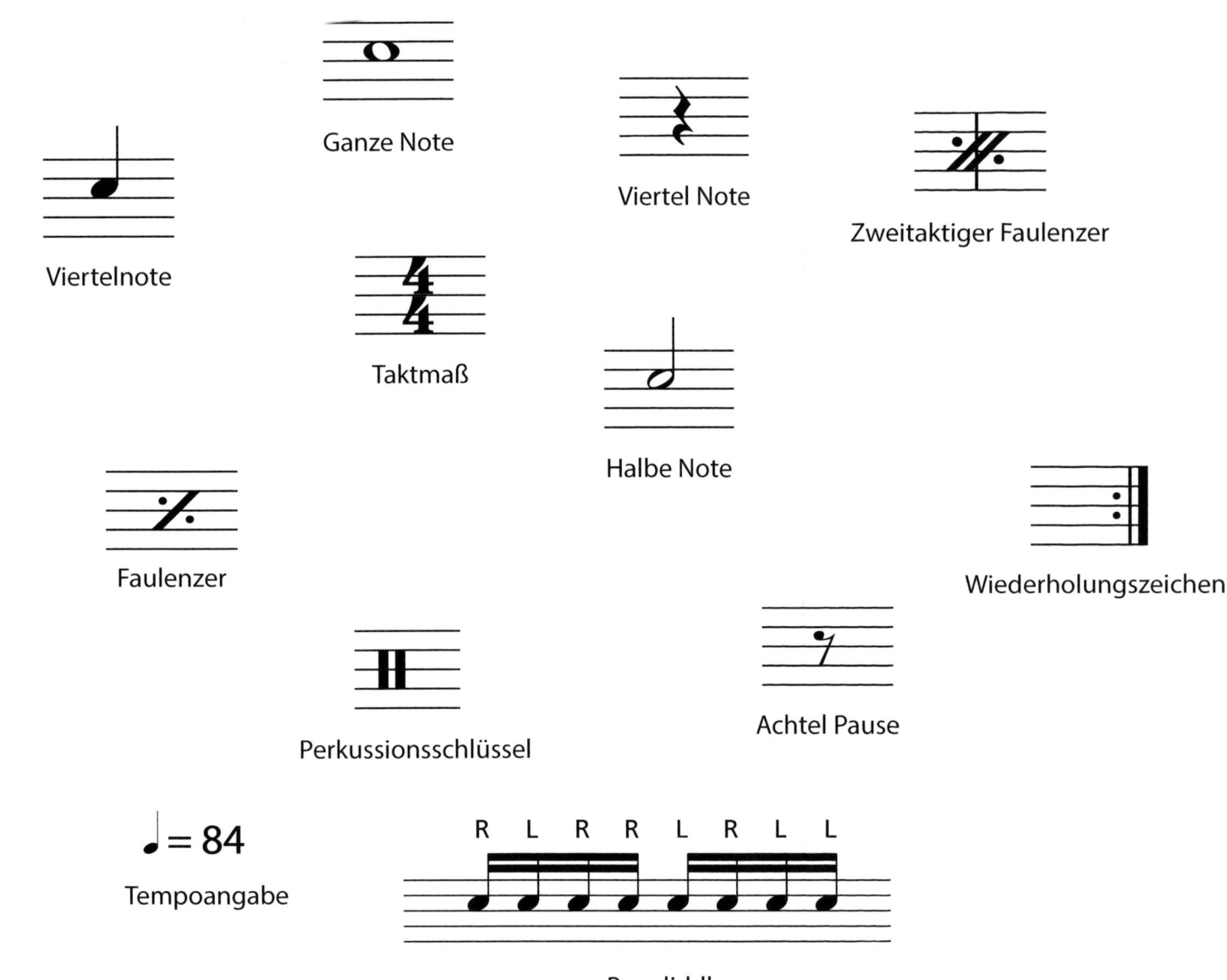

Viertelnote

Ganze Note

Viertel Note

Zweitaktiger Faulenzer

Taktmaß

Halbe Note

Faulenzer

Wiederholungszeichen

Perkussionsschlüssel

Achtel Pause

♩ = 84

Tempoangabe

R L R R R L R L L

Paradiddle

Kräsch! Bum! Bäng!
Intensiv!
Urkunde

_____

(Name des Schülers)

Hat erfolgreich den **Kräsch! Bum! Bäng! Intensiv**-Kurs bestanden.

Olaf und Claus sagen:

„Das hast du toll gemacht!

Wir gratulieren dir ganz herzlich und freuen uns, dass du mit soviel Ausdauer und Fleiß geübt hast.
Deine Urkunde hast du dir redlich verdient und wir hoffen, dass du auch weiterhin mit soviel Freude dabei bist!"

Olaf

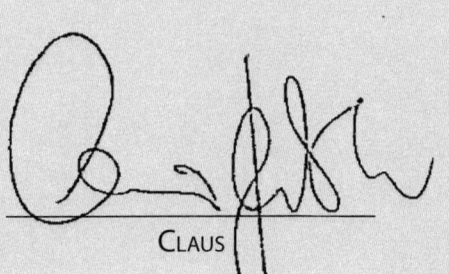

Claus

Kräsch! Bum! Bäng!

Die bewährte und erfolgreiche Schlagzeugschule für Kinder von Olaf Satzer!

Diese Schlagzeugschule ist speziell für Anfänger im Alter von sechs bis zwölf Jahren entwickelt worden.
Dem Titel **Kräsch! Bum! Bäng!** gemäß spielt die Lautsprache zur Erschließung von Rhythmen eine methodisch zentrale Rolle. Um das Lernen der Noten zu vereinfachen sind den Büchern Farbsticker beigelegt, mit denen die verschiedenen Trommeln mit unterschiedlichen Farben markiert werden.

Band 1	Buch & CD	Best.-Nr.: 20109G
Band 2	Buch & CD	Best.-Nr.: 20114G

Alfred´s Drum Play-alongs für Kinder!

Ziel eines jeden Drummers ist, irgendwann mit anderen Musikern zusammen zu rocken.

Die **Drum Play-alongs für Kinder** liefern dir die Band ins Haus. Einfach die beiliegende Play-along-CD einwerfen, Musikstück anwählen und die im Buch abgedruckten Parts mitspielen. Das ist die ideale Lösung, dich darauf vorzubereiten, wie es ist, in einer richtigen Band zu spielen.

ROCKKIDZ DRUM PLAY-ALONGS
Acht fetzige Rocksongs zum Mitspielen!

Buch & CD	Best.-Nr.: 20151G

auch erhältlich für:

Gesang (Buch & CD)	Best.-Nr.: 20153G
Gitarre (Buch & CD)	Best.-Nr.: 20150G
Bass (Buch & CD)	Best.-Nr.: 20152G

Kräsch! Bum! Bäng! Drum Play-alongs für Kids
Acht fetzige Kinderlieder zum Mitspielen!

Buch & CD	Best.-Nr.: 20118G

Es ist nie zu spät, Schlagzeug zu lernen!

Garantiert Schlagzeug Lernen ist der optimale Einstieg ins Schlagzeugspiel – mit Play-alongs und Internet Unterstützung! Spielerisch leicht die Basis für sauberes Trommeln legen und bereits nach kurzer Zeit coole Grooves, Rhythmen und richtige Schlagzeugsoli spielen können ist das Motto dieser neuartigen Methode. Das Lerntempo bestimmt man selbst.
Mit den wichtigsten Grooves, Fill-Ins und Standardrhythmen aus: Rock, Hip Hop, Funk, Soul, Reggae, Blues und Jazz. Profi-Tricks und Praxis-Tipps führen schnell zum Ziel. Mit 2 Audio-CDs!

Buch & 2 CDs Best.-Nr.: 20120G

Der Klassiker zum Thema „Open-Handed Playing"!

Das erste Workbook für Drummer aller Stilrichtungen zum Erlernen des Drumsetspiels ohne Überkreuzen der Arme. Basierend auf den Konzepten der Drummerlegenden Jim Chapin und Billy Cobham.

Die CD enthält Hörbeispiele sowie vier Play-alongs in drei Versionen: Mit Drums, ohne Drums mit click, ohne Drums ohne click.

OPEN-HANDED PLAYING | VOLUME 1

Buch & CD   Best.-Nr.: 30596

OPEN-HANDED PLAYING | VOLUME 2

A Step Beyond

Buch & CD   Best.-Nr.: 38832

DAILY DRUMSET WORKOUT

Ein Übungsbuch für Hartnäckige und solche, die es werden wollen

Alles, was der moderne Drummer drauf haben muss, um neue rhythmische Fertigkeiten, mehr Sicherheit und musikalische Freiheit am Drumset zu erlangen. Ob in Rock, Pop, Funk, Latin, Jazz, Afro-Cuban oder Second Line.

Mit der beiliegenden **mp3-CD** kannst du alles täglich in drei verschiedenen Tempi üben.

Buch & CD   Best.-Nr.: 20156G

DRUMMING KAIROS

Awareness Of The Sweet Spot

Kairos ist in der griechischen Philosophie die Bezeichnung für den richtigen Zeitpunkt – den *magic moment*! Für Drummer natürlich ein elementar wichtiges Konzept!

Diese zweisprachige DVD (deutsch/englisch) enthält:

- Grundlegende Technik & Konzepte;
- Kapitel zur Moeller-Technik und zu Open-Handed Playing;
- "Reverse Syncopation" Studien;
- über 100 Seiten pdf-Booklet;

und vieles mehr ...

DVD   Best.-Nr.: 20220G